मैं
दीनदयाल उपाध्याय
बोल रहा हूँ

(विचार एवं चित्र वीथिका)

मैं दीनदयाल उपाध्याय बोल रहा हूँ

(विचार एवं चित्र वीथिका)

सं. अमरजीत सिंह

प्रभात पेपरबैक्स
www.prabhatbooks.com

प्रकाशक

प्रभात पेपरबैक्स

प्रभात प्रकाशन प्रा. लि. का उपक्रम

4/19 आसफ अली रोड, नई दिल्ली–110002

फोन : 23289777 • हेल्पलाइन नं. : 7827007777

इ–मेल : prabhatbooks@gmail.com ❖ वेब ठिकाना : www.prabhatbooks.com

संस्करण

2021

मूल्य

दो सौ पचास रुपए

मुद्रक

नरुला प्रिंटर्स, दिल्ली

MAIN DEENDAYAL UPADHYAYA BOL RAHA HOON

Ed. Shri Amarjeet Singh

Published by **PRABHAT PAPERBACKS**

An imprint of Prabhat Prakashan Pvt. Ltd.

4/19 Asaf Ali Road, New Delhi-110002

ISBN 978-93-5186-323-6

₹ 250.00

प्राक्कथन

'मैं दीनदयाल उपाध्याय बोल रहा हूँ : विचार एवं चित्र वीथिका' संग्रह देखकर अच्छा लगा। आजकल मानविकी में अनुसंधान को बहुत प्रोत्साहित नहीं किया जाता, नई पीढ़ी का रुझान इस तरफ काफी कम है। युवा शोधकर्ता श्री अमरजीत सिंह ने इस संग्रह का संयोजन एवं संपादन किया है, वे अभिनंदन के पात्र हैं। मेरी तरफ से बहुत-बहुत शुभकामनाएँ एवं बधाई।

पं. दीनदयाल उपाध्याय युगऋषि थे। उन्होंने भारतीयतापरक विचारों को युगपरक विवेचन किया। भारतीय संस्कृति को सामान्यतः आज का अकादमिक वर्ग राजनीति, अर्थशास्त्र एवं समाजशास्त्र का जीवंत हिस्सा नहीं मानते। इन विषयों को आजकल हमारे उच्च-अकादमिक संस्थानों में पाश्चात्य संदर्भों के साथ ही पढ़ाया जाता है, पाश्चात्य विद्वानों के ही उद्धरण दिए जाते हैं। वस्तुतः पं. दीनदयाल उपाध्याय इसे भारतीय प्रज्ञा के लिए अपमानजनक मानते थे। उन्होंने कहा मानव द्वारा संयोजित पाश्चात्य बहस का हमें अनुयायी नहीं बनना चाहिए, मगर हमें उस बहस को भारतीयता के साथ आगे बढ़ाना चाहिए। इस संदर्भ में उन्होंने भारतीय विचार परंपरा की 'एकात्म मानववाद' के रूप में व्याख्या की।

इस संदर्भ में अनेक शीर्षकों के साथ दीनदयालजी के विचारों का संक्षिप्त एवं सार्थक संयोजन किया गया है। कभी-कभी बड़े ग्रंथ सामान्यजन के लिए अपठनीय हो जाते हैं, इस नाते प्रवेशिका के रूप में उनके विचारों का संकलन कर श्री अमरजीत ने बहुत ही उपयोगी कार्य किया है। वैचारिक शीर्षकों का दायरा व्यापक है तथा सामग्री संक्षिप्त है। निश्चय ही यह नई पीढ़ी के लिए पठनीय होगा।

चित्रों के अवलोकन से एक भावनात्मक जुड़ाव उत्पन्न होता है। किसी महापुरुष के गतिविधियों एवं ऐतिहासिकता को जानने में चित्रों की महति भूमिका होती है। इस संकलन में जिन चित्रों का चयन शोधकर्ता ने किया है, उनमें एक सर्वांगपूर्णता है। दीनदयालजी की हर आयु का चित्र इस संग्रह में है, वे चित्र भी हैं, जिनसे हम उनके महत्त्वपूर्ण सहकर्मियों को जान सकते हैं। अनेक ऐतिहासिक घटनाएँ हैं, जिनमें दीनदयालजी

की निर्णायक भूमिकाएँ रही हैं। उनके भी चित्र साक्षी के रूप में यहाँ संकलित हैं। विचार एवं चित्रों का जो मंजुल सामंजस्य बैठाया गया है, इससे इस संग्रह की संगृहणीयता बढ़ गई है।

नई पीढ़ी के शोधकर्ताओं में जिज्ञासा उत्पन्न करने की बड़ी संभावना इस संग्रह में है। जितनी अधिक मात्रा में यह संग्रह नई पीढ़ी के हाथ में पहुँचेगा, उतनी ही मात्रा में इस संग्रह की सार्थकता बढ़ जाएगी। जानकार लोगों के लिए भी इसका अवलोकन, स्मृतियों को ताजा कर देनेवाला है, रंजन एवं रमणीय भी है।

डॉ. श्यामाप्रसाद मुकर्जी शोध अधिष्ठान एक युवा शोधार्थी को यह अवसर दिया, प्रेरणा तथा मार्गदर्शन भी किया, एतदर्थ अधिष्ठान साधुवाद का पात्र है। मेरी हार्दिक शुभकामनाएँ।

'शुभम्'

—डॉ. महेश चंद्र शर्मा

अध्यक्ष, एकात्म मानवदर्शन अनुसंधान एवं विकास प्रतिष्ठान
37, दीनदयाल उपाध्याय मार्ग, नई दिल्ली–110002

शुभाशीष

पं. दीनदयाल उपाध्याय भारतीय मनीषा के युगपुरुष और सच्चे राष्ट्रभक्त थे। वे अखंड भारत के पक्षधर थे। इसीलिए अपने वैचारिक मतभेदों को भुलाकर उन्होंने डॉ. राममनोहर लोहिया के साथ भारत-पाक महासंघ के बारे में ऐतिहासिक संयुक्त वक्तव्य दिया। उन्होंने अर्थव्यवस्था की वह एकात्मवादी दृष्टि दी, जो आज साम्यवाद और पूँजीवाद की विफलताओं के सामने तीसरे रास्ते की संभावना बताती है। वे सीधे थे, सादे थे, भीड़ में खो जानेवाले सच्चे भारतीय थे। उनकी कार्यक्षमता, कर्मठता एवं कुशलता को ध्यान में रखते हुए जनसंघ के संस्थापक डॉ. श्यामाप्रसाद मुकर्जी ने जनसंघ के प्रथम अखिल भारतीय अधिवेशन (दिसंबर 1952, कानपुर) के दौरान पं. दीनदयालजी को जनसंघ का महामंत्री नियुक्त किया और कहा कि "यदि मुझे दो दीनदयाल मिल जाएँ, तो मैं भारतीय राजनीति का नक्शा बदल दूँगा।" सामाजिक और राजनीतिक गतिविधियों से जुड़े लोगों के लिए उन्होंने अनुकरणीय सूत्र प्रदान किया है, उनका अनुसरण कर आज की पीढ़ी इस क्षेत्र में अपनी प्रतिभा का समुचित प्रयोग करते हुए समाजहित में ठोस व रचनात्मक कार्य कर सकती है।

डॉ. श्यामाप्रसाद मुकर्जी शोध अधिष्ठान की स्थापना का यही उद्देश्य है कि राष्ट्रीयता के वैचारिक प्रवाह को जीवंत बनाए रखते हुए समसामयिक संदर्भों में आवश्यक परिवर्तनों के साथ राष्ट्र की गौरवमयी परंपरा एवं इसके लिए समर्पित हुतात्माओं का स्मरण अक्षुण रखा जाए। पुस्तक 'मैं दीनदयाल उपाध्याय बोल रहा हूँ : विचार एवं चित्र वीथिका' उसी उपक्रम का एक परिणाम है। दीनदयालजी के विभिन्न शीर्षकों के अंतर्गत प्रेरक विचारों एवं दुर्लभ छायाचित्रों का यह संकलन अद्‍भुत है। विशेषरूप से ऐतिहासिक छायाचित्रों का संकलन अविस्मरणीय है। डॉ. श्यामाप्रसाद मुकर्जी शोध अधिष्ठान में कार्यरत युवा कार्यकर्ताओं, शोधार्थी श्री अमरजीत सिंह द्वारा पं दीनदयालजी पर किया गया यह संकलन सराहनीय एवं उपयोगी है। हमें पूर्ण विश्वास है कि यह पुस्तक नई पीढ़ी के साथ-साथ शोधकर्ताओं एवं वैचारिक योद्धाओं के लिए निश्चय ही उपयोगी सिद्ध होगी। आज इस बात की नितांत आवश्यकता है कि आधुनिक राजनेताओं के

विचारों का निष्पक्ष अध्ययन प्रस्तुत किया जाए। प्रस्तुत संकलन उसकी एक महत्त्वपूर्ण कड़ी सिद्ध होगी, ऐसा हमारा अभिमत है।

हम पुनः डॉ. श्यामाप्रसाद मुकर्जी शोध अधिष्ठान की ओर से इस पुस्तक के संपादक अमरजीत सिंह को इस प्रयास के लिए बधाई देते हैं और कामना करते हैं कि वे इस क्रम को भविष्य में जारी रखें और ऐसे कृतियों के भंडार की श्रीवृद्धि करते रहें।

अरुण सिंह
(सचिव)

श्याम जाजू
(कोषाध्यक्ष)

डॉ. अनिर्बान गांगुली
(निदेशक)

डॉ. श्यामाप्रसाद मुकर्जी शोध अधिष्ठान,
11, अशोक रोड, नई दिल्ली–110001

अपनी बात

पं. दीनदयालजी एक कुशल राजनीतिज्ञ, संगठनकर्ता, प्रखर पत्रकार व मूर्धन्य साहित्यकार थे। वास्तव में वे युग-पुरुष थे। उनका व्यक्तित्व बहुत ही सहज और सरल था। पूर्व प्रधानमंत्री श्री अटल बिहारी वाजपेयीजी ने पं. दीनदयालजी के लिए कहा था, ''राजनीति उनके लिए साधन थी, साध्य नहीं। वही मार्ग था, मंजिल नहीं। वे राजनीति का आध्यात्मीकरण चाहते थे। वे भारत के उज्ज्वल अतीत से प्रेरणा लेते थे तथा उज्ज्वलतर भविष्य का निर्माण करना चाहते थे। उनकी आस्थाएँ सदियों पुराने अक्षय राष्ट्रजीवन की जड़ों से रस ग्रहण करती थीं, किंतु वे रूढ़िवादी नहीं थे। भविष्य के निर्माण के लिए वे भारत को समृद्धिशील आधुनिक राष्ट्र बनाने की कल्पना लेकर चले थे। उपाध्यायजी का कार्य व्यक्तिनिष्ठ नहीं; तत्त्वनिष्ठ था। उन्होंने सदैव आदर्शों पर बल दिया और सिद्धांतों के लिए जीना सिखाया।''

पं. दीनदयालजी देश की एकता और अखंडता की रक्षा के प्रति पूरी तरह से समर्पित थे। उन्होंने अपने जीवन के हर क्षण को समाज-सेवा में लगाया। उन्होंने परिस्थिति से पराजित होकर सिद्धांतों से कभी समझौता नहीं किया। ऐसे महापुरुष के बारे में कुछ लिखना अपनी अल्पज्ञता का परिचय देना होगा। उनका पूरा जीवन शोध का विषय है, अत: उनके ऊपर गहन शोध की आवश्यकता है। यह पुस्तक उसी कड़ी की एक छोटी सी पहल है। वैसे तो पं. दीनदयालजी के जीवन के विषय में अधिक पुस्तकें उपलब्ध नहीं हैं, लेकिन उन्होंने स्वयं जो लिखा वह उनके विचारों के रूप में हमारे लिए अमूल्य धरोहर है।

इस पुस्तक की परिकल्पना कुछ इस प्रकार से हुई। सन् 2014 के मई माह के अंत में पं. दीनदयाल उपाध्यायजी के विभिन्न विषयों पर विचारों के संकलन का दायित्व डॉ. श्यामाप्रसाद मुकर्जी शोध अधिष्ठान के निदेशक डॉ. अनिर्बान गांगुलीजी द्वारा मुझे सौंपा गया। उनके मार्गदर्शन में मैं इस कार्य को संपादित करने में जुट गया। उसी दौरान मन में यह विषय आया कि क्यों न पं. दीनदयालजी के दुर्लभ व अप्राप्य छायाचित्र और उनकी उद्धरणीय पंक्तियाँ संकलित करके विभिन्न शीर्षकों के अंतर्गत एक पुस्तक के

रूप में प्रस्तुत किया जाए। इस विषय की ओर जब मैंने डॉ. गांगुलीजी का ध्यान आकृष्ट किया तो उन्होंने मेरे इस प्रस्ताव को बहुत ही सहजता से स्वीकार कर लिया और इस कार्य हेतु उनका लगातार आत्मीय प्रोत्साहन व मागदर्शन मुझे मिलता रहा। उनका सहयोग और प्रोत्साहन हमें हमेशा आत्मबल देता रहा। मैं तो यही कहूँगा कि यदि वे न होते तो शायद मैं इस कार्य को कभी न कर पाता, उन्हें कोटि-कोटि धन्यवाद।

लगभग छह वर्ष पहले पं. दीनदयालजी के जीवन, व्यक्तिव, कृतित्व एवं विचारों पर आधारित एक वेबसाइट (www.deenadayalupadhyay.org) जो डॉ. श्यामाप्रसाद मुकर्जी शोध अधिष्ठान द्वारा निर्मित किया गया था, उस वेबसाइट के लिए सामग्री संकलन का कार्य भी मैंने किया था। इसलिए इस कार्य के संपादन में मेरी रुचि और बढ़ने लगी। अत: मैंने पं. दीनदयालजी के साहित्य से उनके उद्धरणीय वक्तव्यों और छायाचित्रों को चयनित कर यह वीथिका तैयार कर ली।

इस पुस्तक में पं. दीनदयालजी के दुर्लभ छायाचित्रों के साथ विभिन्न विषयों पर पंडितजी के विचारों को एक संकलित रूपाकार दिया गया है। इसके साथ ही पं. दीनदयालजी के राष्ट्र प्रेम से अभिभूत प्रेरक पत्रों का संकलन भी प्रस्तुत किया गया है। भारत की अखंडता के लिए अमर बलिदानी तथा भारतीय जनसंघ के संस्थापक डॉ. श्यामाप्रसाद मुकर्जी और जम्मू-कश्मीर के शेष भारत में विलय के बारे में पं. दीनदयालजी के महत्त्वपूर्ण लेखों को भी इस पुस्तक में प्रस्तुत करने की कोशिश की गई है। पुस्तक के अंतिम भाग में पं. दीनदयालजी की असामयिक मृत्यु पर महत्त्वपूर्ण विद्वतज्जनों द्वारा दिए गए श्रद्धा सुमन को 'लो श्रद्धांजलि हे युग-पुरुष' शीर्षक के अंतर्गत रखा है। पं. दीनदयालजी की असामयिक मृत्यु से उत्पन्न भारतीय जनसंघ के समक्ष प्रकट हुई चुनौती को श्री अटल बिहारी वाजपेयी द्वारा रचित 'चुनौती हमें स्वीकार है' को भी विभिन्न राष्ट्रभक्तों की श्रद्धांजलि की कडी में शामिल कर प्रस्तुत किया है।

डॉ. महेशचंद्र शर्माजी ने इस पुस्तक की भूमिका लिखना स्वीकार किया, उनके इस आत्मीय भाव को मैं जिस तरह अनुभव करता हूँ, उसे शब्दों के माध्यम से व्यक्त कर पाना संभव नहीं है। पुस्तक की प्रस्तुति एवं भाषा की दृष्टि से भी आपका लगातार मार्गदर्शन प्राप्त हुआ, बस इसी तरह आपका स्नेह और आशीर्वाद मिलता रहे आपसे यही अपेक्षा है।

साथ ही डॉ. श्यामाप्रसाद मुकर्जी शोध अधिष्ठान के न्यासी और भारतीय जनता पार्टी के राष्ट्रीय सचिव श्री श्याम जाजू और श्री अरुण सिंह का स्नेह मुझे हर समय कुछ नया करने के लिए प्रोत्साहित करता रहा, उन्हें भी प्रणाम।

प्रस्तुत सामग्री एकत्रित करने में पं. दीनदयाल उपाध्याय जन्मभूमि स्मारक समिति, नगला चंद्रभान (मथुरा) का बहुत बड़ा योगदान रहा है। वहाँ के अधिकारियों का भी

आभारी हूँ, जिन्होंने वहाँ पर स्थित पुस्तकालय का उपयोग करने की अनुमति प्रदान करने के साथ ही पंडितजी के दुर्लभ छायाचित्र और वहाँ से प्रकाशित स्मारिका 'समग्र दृष्टि' के कई अंक भी उपलब्ध करवाए और उनका उपयोग करने की अनुमति दी। भाजपा राष्ट्रीय कार्यालय के पुस्तकालय में उपलब्ध सामग्रियों को बहुत ही सरलता से उपलब्ध कराने में लाइब्रेरियन श्री प्रकाशजी का योगदान सराहनीय रहा, वे भी मेरे साधुवाद के अधिकारी हैं। साथ ही हिंदी साप्ताहिक पाञ्चजन्य के कार्यालय में विद्यमान पुराने अंक आसानी से सुलभ कराने में पाञ्चजन्य के सह संपादक श्री आलोक गोस्वामी, श्री सूर्य प्रकाश सेमवाल और श्री अनिल चौधरी के सहयोग का आभारी हूँ। विशेष रूप से पाञ्चजन्य के सह संपादक श्री सूर्य प्रकाश सेमवाल का आभारी हूँ, जिन्होंने भाषा और वर्तनी की शुद्धि में महत्त्वपूर्ण सहयोग किया।

डॉ. श्यामाप्रसाद मुकर्जी शोध अधिष्ठान में कार्यरत मेरे सहयोगियों में टंकक श्री नंदन सिंह बिष्ट के प्रति आभारी हूँ, जिनके कारण यह पुस्तक अपने आकार में आ सकी, भाई श्री देवेश खंडेलवाल और श्री शैलेंद्र कुमार शुक्ला द्वारा शोधकार्य में किया गया सहयोग भी प्रशंसनीय है और श्री चंद्रमोहन ने छायाचित्रों के स्कैनिंग में भी बहुत साथ दिया। इन सभी लोगों को साधुवाद, जिनके सहयोग से यह कार्य संभव हो सका।

इस पुस्तक को प्रकाशित करने लिए प्रभात प्रकाशन से, श्री प्रभातजी ने भी रुचि दिखाई और मेरा मार्गदर्शन किया। अतः उनके प्रति कृतज्ञ और आभारी हूँ। प्रभात प्रकाशन के उन सभी मित्रों का भी आभार जिन्होंने किसी-न-किसी रूप से इस पुस्तक की रचना में सहयोग किया।

अंत में उन सभी को प्रणाम! जिनके आशीर्वाद व प्यार से यह संभव हो पाया।

पंडितजी के इन पुष्परूपी विचारों को मैंने मात्र माला के रूप में पिरोने का काम किया है और यही पं. दीनदयालजी को मेरी ओर से सच्ची श्रद्धांजलि होगी। आशा है! पाठकों को यह पुस्तक उपयोगी लगेगी।

—अमरजीत सिंह

शोधार्थी

डॉ. श्यामाप्रसाद मुकर्जी शोध अधिष्ठान

11, अशोक रोड, नई दिल्ली-110001

प्रकाशक की कलम से

भारतीय राजनीति के शिखरपुरुष और भारतीय जनसंघ के संस्थापक सदस्य पंडित दीनदयाल उपाध्याय एक ऐसे व्यक्तित्व थे, जिनके बिना भारतीय राजनीति की कल्पना भी अधूरी लगती है। पंडितजी केवल एक राजनेता ही नहीं थे बल्कि वे एक कुशल संगठक, समाजशास्त्री, अर्थशास्त्री और पत्रकार होने के साथ-साथ मूर्धन्य साहित्यकार भी थे। तत्कालीन समाज में घटित होने वाली घटना चाहे वो राजनीतिक हो, आर्थिक हो अथवा समाजिक हो, हर विषय पर उनकी पैनी नजर रहती थी और उनकी टिप्पणी हमेशा समाज को सोचने पर विवश करती थी। जनाधार के मामले में तत्कालीन कांग्रेस पार्टी से बहुत पीछे होने के बाद भी पंडितजी भारतीय राजनीति में अपनी विद्वत्ता और कार्यकुशलता के फलस्वरूप अपनी सशक्त उपस्थिति दर्ज कराते रहे थे। पं. दीनदयालजी के महाप्रयाण के बाद उन पर बहुत सारा साहित्य और पुस्तकें प्रकाशित हुईं, लेकिन पंडितजी के व्यक्तित्व के लिहाज से ये पुस्तकें अपने आप में परिपूर्ण थीं, यह कहना उचित नहीं होगा। अतः हमारा प्रयास है कि आज की युवा पीढ़ी के सामने पंडितजी के जीवन से जुड़ी घटनाएँ और भारतीय समाज एवं राजनीति के प्रति उनका जो नजरिया था, उसे प्रवेशिका के रूप में प्रस्तुत किया जाए, जिससे पाठकों को संक्षेप में पं. दीनदयालजी के विभिन्न विषयों पर क्या विचार थे, उसका ज्ञान हो सके। इसी क्रम में आज के दौर में पं. दीनदयालजी के विचारों की प्रासंगिकता को संज्ञान में लेते हुए संकलन करने की योजना बनाई गई। इस कार्य के लिए डॉ. श्यामाप्रसाद मुकर्जी शोध अधिष्ठान के रिसर्च एसोसिएट अमरजीत सिंह ने अपनी स्वीकृति दी, इसलिए हम उनके और डॉ. श्यामाप्रसाद मुकर्जी शोध अधिष्ठान के आभारी हैं।

हमारे संस्थान से महापुरुषों के विचारों पर आधारित 'मैं बोल रहा हूँ' शृंखला का प्रकाशन अनवरत चल रहा है, जिसमें स्वामी विवेकानंद, महात्मा गांधी, भगत सिंह, लाला लाजपत राय, बालगंगाधर तिलक, श्रीअरविंद, महात्मा बुद्ध, सरदार पटेल, वीर सावरकर, सुभाषचंद्र बोस, राधाकृष्णन, राममनोहर लोहिया, जयप्रकाश नारायण, डॉ. अब्दुल कलाम इत्यादि शामिल हैं। यह पुस्तक 'मैं बोल रहा हूँ' शृंखला का परिमार्जित

रूप है। पूर्व में प्रकाशित इस शृंखला की सभी पुस्तकों में महापुरुषों के विचारों को केवल महत्त्व दिया गया था, लेकिन इस पुस्तक में पं. दीनदयालजी के विचारों के साथ-साथ उनके जीवन से जुड़े दुर्लभ छायाचित्रों और उनके मित्रों के कुछ संस्करण तथा उनके महाप्रयाण के बाद प्रमुख राजनेताओं द्वारा उन्हें दी गई श्रद्धांजलियों को भी सम्मिलित किया गया है, इसलिए यह पुस्तक पं. दीनदयालजी के राजनीतिक एवं सामाजिक जीवन को दुर्लभ चित्रों, लेखों और विचारों के माध्यम से रेखांकित करती है। आशा है, यह पुस्तक सुधी पाठकों द्वारा पसंद की जाएगी।

—प्रकाशक

पं. दीनदयाल उपाध्याय के विभिन्न अवस्थाओं को दरशाते चित्र

पं. दीनदयाल उपाध्याय

(संक्षिप्त जीवनी)

पं. दीनदयाल उपाध्याय का जन्म 25 सितंबर, 1916 ई. (तद्नुसार आश्विन कृ. त्रयोदशी वि.सं. 1973) को उत्तर प्रदेश के मथुरा जनपद अंतर्गत नगला चंद्रभान नामक ग्राम में हुआ था।

विषम परिस्थितियों में दीनदयाल उपाध्याय ने जूनियर हाई स्कूल (अजमेर बोर्ड), इंटरमीडिएट (बिड़ला कॉलेज, पिलानी) और एम.ए. प्रथम वर्ष (सेंट जोंस कॉलेज, आगरा) की परीक्षाएँ प्रथम श्रेणी में प्रथम स्थान पाकर उत्तीर्ण कीं। दुर्भाग्यवश एम.ए. (द्वितीय वर्ष) की परीक्षा अपनी बीमार बहन की सेवा में रहने के कारण नहीं दे सके। वे एक बार प्रशासनिक सेवा की प्रतियोगिता में शामिल हुए और उनका चयन भी हो गया, किंतु उन्होंने विदेशी सरकार की नौकरी न करने का निश्चय किया। कुछ समय पश्चात् उन्होंने बी.टी. का प्रशिक्षण प्राप्त किया।

वे सनातन धर्म डिग्री कॉलेज, कानपुर में बी.ए. के छात्र थे, वहीं पर वे राष्ट्रीय स्वयंसेवक संघ के संपर्क में आए और स्वयंसेवक बने। उन्होंने संघ के आजीवन व्रती प्रचारक बनकर राष्ट्रसेवा करने की शपथ ली। लखीमपुर जिले में 1942 में उन्होंने प्रचारक के रूप में जीवन-यात्रा का श्रीगणेश किया। सन् 1945 में वे उ.प्र. के सह-प्रांत प्रचारक बने।

भारतीय इतिहास के सांस्कृतिक गौरव को उजागर करते हुए उन्होंने अत्यल्प समय में 'सम्राट् चंद्रगुप्त' नामक उपन्यास की रचना की। 'जगद्गुरु शंकराचार्य' उपन्यास की प्रस्तुति भी विशिष्ट शैली में है। राष्ट्रवाद-संबंधी आपकी विपुल कृतियाँ प्रकाशित हुई हैं। 'भारतीय अर्थ-नीति—विकास की एक दिशा' उनके आर्थिक चिंतन का एक प्रसाद है। 'राष्ट्र चिंतन' तथा 'राष्ट्र जीवन की दिशा' राष्ट्र, समाज, राजनीति, धर्मनीति तथा संस्कृति पर समय-समय पर लिखे, उनके लेखों एवं भाषणों के संग्रह हैं।

डॉ. हेडगेवार के मराठी जीवन चरित्र का उन्होंने हिंदी में अनुवाद भी किया। सन् 1947 में उन्हें 'राष्ट्रधर्म प्रकाशन' की संस्थापना और संचालन का दायित्व मिला।

'स्वदेश' नामक दैनिक पत्र भी उनके संचालन में प्रकाशित हुआ। 'स्वदेश' अब 'तरुण भारत' के नाम से प्रकाशित हो रहा है। स्वतंत्रता प्राप्ति के तुरंत बाद 14 जनवरी, 1948 को उन्हीं की पहल से राष्ट्रधर्म प्रकाशन के तत्त्वावधान में लखनऊ से 'पाञ्चजन्य' साप्ताहिक का प्रकाशन भी प्रारंभ हुआ। 'पाञ्चजन्य' के शैशव काल में संपादक से लेकर प्रूफ रीडर, कंपोजिटर, मुद्रक और कभी-कभी बंडल बाँधने, उन्हें ले जाने के सब दायित्वों का निर्वाह करते हुए पाञ्चजन्य का पालन-पोषण किया। उन्होंने 'पाञ्चजन्य' के संपादक पद पर अपना नाम कभी नहीं दिया पर वे सही अर्थों में पाञ्चजन्य के जन्मदाता और पालकर्ता थे।

उनके लेख पाञ्चजन्य, राष्ट्रधर्म तथा ऑर्गनाइजर में छपते थे। 'ऑर्गनाइजर' में 'पोलिटिकल डायरी' के रूप में वे नियमित लिखा करते थे। समय-समय पर लिखे गए ये लेख देश की सामाजिक, आर्थिक, धार्मिक नीतियों के पथ प्रदर्शक हैं। उनके गंभीर चिंतन, राष्ट्रहित, सोचने-समझने की शैली के परिचायक हैं। पंचवर्षीय योजनाओं पर भी आपने अंग्रेजी में 'दी टू प्लैन्स-प्रामिसेस, 'परफार्मेंस ऐंड प्रास्पेक्टस' नाम की किताब लिखी, जो आर्थिक क्षेत्र में एक माननीय ग्रंथ के रूप में प्रसिद्ध है। इसके अतिरिक्त हमारा कश्मीर, महान् विश्वासघात, अखंड भारत, टैक्स या लूट आदि अनेक लघु पुस्तकें लिखकर सामाजिक, आर्थिक व राजनैतिक साहित्य में उन्होंने अमूल्य सामग्री प्रस्तुत की।

1950 में जब लियाकत अली नेहरू समझौते के विरोध में डॉ. श्यामाप्रसाद मुकर्जी ने केंद्रीय मंत्रिमंडल से त्यागपत्र दिया, उस समय रा.स्व. संघ के तत्कालीन सरसंघचालक श्री गुरुजी व डॉ. मुकर्जी के बीच प्रखर राष्ट्रवादी विचार के केंद्रीय राजनीतिक दल की स्थापना के बारे में वार्त्ता हुई। गुरुजी की इस योजना के अधीन प्रस्तावित राजनीतिक दल के संगठन हेतु पंडितजी महामंत्री बनाए गए और 22-25 अप्रैल, 1965 को उन्होंने बंबई (संप्रति मुंबई) में आयोजित चार दिवसीय अधिवेशन में चार प्रभावी व्याख्यान दिए, जो 'एकात्म मानववाद' नामक दर्शन के रूप में विख्यात हुआ।

दीनदयालजी ने सिर्फ एक बार चुनाव लड़ा। उनका चुनाव क्षेत्र जौनपुर था, पर उन्होंने जातिगत आधार पर प्रचार हेतु यह कहकर इनकार कर दिया कि भारतीय जनसंघ की जीवनश्रद्धा राष्ट्र है; वे जाति के पक्षधर नहीं हैं। 11 फरवरी, 1968 को रहस्यमय परिस्थितियों में उनका पार्थिव शरीर मुगलसराय रेलवे स्टेशन पर पाया गया। उनकी हत्या की जाँच चली, परंतु हत्यारों का पता नहीं चला। पंडितजी की अस्वाभाविक मृत्यु से देश को अपूरणीय क्षति हुई।

अनुक्रम

पं. दीनदयाल उपाध्याय का स्वहस्ताक्षरित चित्र

पं. दीनदयाल उपाध्याय (दाईं ओर खड़े) अपने गुरुओं और सहपाठी के साथ,
जब वे हाई स्कूल के छात्र थे

पं. दीनदयाल उपाध्याय जी भारतीय स्वयंसेवक संघ के एक कार्यक्रम में ध्वजारोहण करते हुए
(सन् 1963, नैरोबी, केन्या)

भारतीय जनसंघ के नवनियुक्त अध्यक्ष पं. दीनदयाल उपाध्याय
और श्री अटल बिहारी वाजपेयी (सन् 1967)

राष्ट्र

राष्ट्र की परिभाषा

"राष्ट्र एक जीवमान इकाई है। वर्षों-शताब्दियों लंबे कालखंड में इसका विकास होता है। किसी निश्चित भू-भाग में निवास करनेवाला मानव समुदाय जब उस भूमि के साथ तादात्म्य का अनुभव करने लगता है, जीवन के विशिष्ट गुणों को आचरित करता हुआ समान परंपरा और महत्त्वाकांक्षाओं से युक्त होता है, सुख-दुःख की समान स्मृतियाँ और शत्रु-मित्र की समान अनुभूतियाँ प्राप्त कर परस्पर हित संबंधों में ग्रथित होता है, संगठित होकर अपने श्रेष्ठ जीवन-मूल्यों की स्थापना के लिए सचेष्ट होता है, और इस परंपरा का निर्वाह करनेवाले तथा उसे अधिकाधिक तेजस्वी बनाने के लिए महान् तप, त्याग, परिश्रम करनेवाले महापुरुषों की शृंखला निर्माण होती है, तब पृथ्वी के अन्य मानव समुदायों से भिन्न एक सांस्कृतिक जीवन प्रकट होता है। इस भावात्मक स्वरूप को ही राष्ट्र कहा जाता है।"

—राष्ट्र जीवन की दिशा : दीनदयाल उपाध्याय; सं. रामशंकर अग्निहोत्री, भानुप्रताप शुक्ल; लोकहित प्रकाशन, लखनऊ; 2008; पृ. 37–38

राष्ट्र के विधायक तत्त्व

"राष्ट्र के लिए चार बातों की आवश्यकता होती है—प्रथम, भूमि और जन, जिसे 'देश' कहते हैं, दूसरी, सबकी इच्छाशक्ति यानी सामूहिक जीवन का संकल्प। तीसरी, एक व्यवस्था जिसे नियम या संविधान कह सकते हैं और सबसे अच्छा शब्द जिसके लिए हमारे यहाँ प्रयुक्त हुआ है, वह 'धर्म', और चौथा है जीवन-आदर्श। इन चारों का समुच्चय यानी ऐसी समष्टि को राष्ट्र कहा जाता है। जिस प्रकार व्यक्ति के लिए शरीर, मन, बुद्धि और आत्मा जरूरी है, इन चारों को मिलाकर व्यक्ति बनता है, उसी प्रकार देश, संकल्प, धर्म और आदर्श के समुच्चय से राष्ट्र बनता है।"

—राष्ट्र जीवन की दिशा : दीनदयाल उपाध्याय; सं. रामशंकर अग्निहोत्री, भानुप्रताप शुक्ल; लोकहित प्रकाशन, लखनऊ; 2008 पृ. 94–95

पं. प्रेमनाथ डोगरा के साथ बैठे हुए पं. दीनदयाल उपाध्याय
तथा उनके पीछे खड़े हुए श्री जे.पी. माथुर एवं अन्य

भारतीय जनसंघ के नेताओं के साथ पं. दीनदयाल उपाध्याय,
उनके बाईं ओर हैं श्री केदार नाथ साहनी तथा दाईं ओर हैं श्री बलराज मधोक

बिना देश के राष्ट्र की कल्पना संभव नहीं

''जिस प्रकार 'राज्य' राष्ट्र का प्रतिनिधि बनकर हमें दिखाई पड़ता है, उसी प्रकार देश भी राष्ट्र की अभिव्यक्ति का ठोस आधार बनकर हमारे सामने उपस्थित होता है। यहाँ तक कि बिना देश के हम किसी राष्ट्र की कल्पना भी नहीं कर सकते। बिना भूमिखंड और बिना किसी मानव समुदाय के राष्ट्र भला कैसे कहा जा सकता है। फिर भी यह सूक्ष्म रहस्य हमें स्वीकार करना ही पड़ेगा कि जिस प्रकार देश एक दृश्यमान सत्ता है, उसी प्रकार राष्ट्र एक अदृश्यमान सत्ता है। देश दिखाई पड़ता है, राष्ट्र दिखाई नहीं पड़ता।''

—राष्ट्र जीवन की दिशा : दीनदयाल उपाध्याय; सं. रामशंकर अग्निहोत्री, भानुप्रताप शुक्ल; लोकहित प्रकाशन, लखनऊ; 2008; पृ. 44-45

माता-पुत्र जैसा हो जन और राष्ट्र का संबंध

''इस 'भूमि' और 'जन' का माता और पुत्र जैसा संबंध होना राष्ट्र के लिए अनिवार्य है। उसी भूभाग में दूसरे ऐसे लोग रह सकते हैं जो उस भूमि को अपनी मातृभूमि न मानकर और कुछ मानें। जैसे अंग्रेज जब भारत में राज करते थे तब उनकी मातृभूमि इंग्लैंड थी, भारत को केवल भोगभूमि समझते थे, ऐसे सब लोग उस भूमि पर आक्रमणकारी ही माने जाएँगे। जो स्वयं को पुत्र रूप अनुभव नहीं करते, जो रहते तो इस भूमि पर हैं, किंतु जिन्हें सपने अन्य किसी भूमि के आते हैं; जिनके श्रद्धा-केंद्र इस भूमि के बाहर हैं या जो इस भूमि के बाहर से प्रेरणा ग्रहण करते है। ऐसे सब लोग इसी भूमि की जलवायु में जन्मे, पले और बढ़े हुए होने पर भी 'एक-जन' से कटे हुए हैं। उन्हें भी जब तक भूमि की ममता से एकरस नहीं किया जाता, तब तक वे विघातक तत्त्व ही कहलाएँगे।''

—राष्ट्र जीवन की दिशा : दीनदयाल उपाध्याय; सं. रामशंकर अग्निहोत्री, भानुप्रताप शुक्ल; लोकहित प्रकाशन, लखनऊ; 2008; पृ. 94)

राष्ट्र का विचार लेकर आगे बढ़ें तो एक और एक मिलकर दो नहीं ग्यारह होंगे

''व्यक्तिगत, दलगत या वादगत कोई विचार लेकर चलने से प्रगति नहीं हो सकती। राजनीति आखिर राष्ट्र के लिए ही है। यदि राष्ट्र का विचार छोड़ दिया, यानी राष्ट्र की अस्मिता, उसके इतिहास, संस्कृति, सभ्यता को छोड़ दिया तो राजनीति का क्या उपयोग? राष्ट्र का स्मरण कर कार्य होगा तो सबका मूल्य बढ़ेगा। राष्ट्र को छोड़ा

तो सब शून्य जैसा ही है। राष्ट्र का विचार लेकर आगे बढ़ें तो एक और एक मिलकर दो नहीं ग्यारह होते हैं।''

—राष्ट्र जीवन की दिशा : दीनदयाल उपाध्याय; सं. रामशंकर अग्निहोत्री, भानुप्रताप शुक्ल; लोकहित प्रकाशन, लखनऊ; 2008; पृ. 25

संपूर्ण राष्ट्र की सेवा का व्रत

''हमने किसी संप्रदाय या वर्ग की सेवा का नहीं, बल्कि संपूर्ण राष्ट्र की सेवा का व्रत लिया है। सभी देशवासी हमारे बाँधव हैं। जब तक हम इन सभी बंधुओं को भारतमाता के सपूत होने का सच्चा गौरव प्रदान नहीं करा देंगे, हम चुप नहीं बैठेंगे। हम भारतमाता को सही अर्थों में सुजला, सुफला बनाकर रहेंगे। वह दशा प्रहरण धारिणी दुर्गा बनकर असुरों का संहार करेगी, लक्ष्मी बनकर जन-जन को समृद्धि देगी और सरस्वती बनकर अज्ञानांधकार को दूर कर ज्ञान का प्रकाश फैलाएगी। हिंद महासागर और हिमालय से परिवेष्टित भारतखंड में जब तक एकरसता, कर्मठता, समानता, संपन्नता, ज्ञानवत्ता, सुख और शांति की सप्तजाह्नवी का पुण्य प्रवाह नहीं ला पाते, हमारा भगीरथ तप पूरा नहीं होगा। इस प्रयास में ब्रह्मा, विष्णु और महेश, सभी हमारे सहायक होंगे। विजय का विश्वास है, तपस्या का निश्चय लेकर चलें।''

—पं. दीनदयाल उपाध्याय : विचार दर्शन, खंड-7; व्यक्ति-दर्शन; विश्वनाथ नारायण देवधर; सुरुचि प्रकाशन, नई दिल्ली; 2014; पृ. 115

राष्ट्र के लिए कार्य करना धर्म है

''राष्ट्र के लिए काम करना धर्म है। राष्ट्र कार्य को साधने के लिए जो कुछ आ पड़े करना ही उचित है। सच, झूठ सबकी कसौटी समष्टि का हित है। इसका अर्थ यह नहीं कि धर्मराज ने झूठ बोला इसलिए हम भी अपने दैनिक जीवन में झूठ बोलने लगें। झूठ बोलना तो खराब ही गिना जाएगा। प्रश्न है कि राष्ट्र का, समष्टि का विचार कर कार्य किया गया है या नहीं? जैसे किसी की हत्या करना पाप है, किंतु युद्ध में लड़नेवाले सैनिक को कोई हत्यारा नहीं कहता। शत्रु पर वार करना वह सैनिक का धर्म है। युद्ध में सैनिक रोज हिंसा करता है। उसे परमवीर चक्र देकर हम सम्मानित करते हैं। क्योंकि इस कार्य में वह व्यक्तिवादी ढंग से नहीं सोच रहा। राष्ट्र का विचार कर उसने आचरण किया है। इसलिए यह अभिनंदनीय है। यही आचरण यदि व्यक्ति जीवन में कोई करे तो उसे फाँसी की सजा होगी, किंतु युद्ध में शत्रु का विनाश करना राष्ट्र-रक्षा का पुनीत कर्तव्य बन जाता है।''

—राष्ट्रजीवन की दिशा : दीनदयाल उपाध्याय; सं. रामशंकर अग्निहोत्री, भानुप्रताप शुक्ल; लोकहित प्रकाशन, लखनऊ; 2008; पृ. 24

'मैं' नहीं 'हम' है मजबूत राष्ट्र का मंत्र

"प्रत्येक व्यक्ति 'मैं' और 'मेरा' विचार त्यागकर 'हम' और 'हमारा' विचार करे। अन्यथा कई बार देखा जाता है कि व्यक्ति कहता है कि राष्ट्र के लिए जान हाजिर है और जीवन में सब कार्य व्यक्ति का विचार कर ही करता रहता है। इसमें न व्यक्ति का भला है और न ही समष्टि का। वास्तव में समष्टि के लिए कार्य करना यानी धर्माचरण करने की शिक्षा होती है। उसमें भी संस्कार डालने होते हैं। इन संस्कारों को प्रदान करना ही राष्ट्र का संगठन करना है।"

—राष्ट्रजीवन की दिशा : दीनदयाल उपाध्याय; सं. रामशंकर अग्निहोत्री, भानुप्रताप शुक्ल; लोकहित प्रकाशन, लखनऊ; 2008; पृ. 25

□

श्री के.आर. मलकानी के शुभ विवाह के अवसर पर (बाएँ से दाएँ) राष्ट्रीय स्वयंसेवक संघ के तत्कालीन सरकार्यवाह श्री एकनाथ रानाडे, पं. दीनदयाल उपाध्याय, श्री के.आर. मलकानी और श्री अटल बिहारी वाजपेयी

पत्रकार वार्त्ता को संबोधित करते हुए (बाएँ से दाएँ) पं. दीनदयाल उपाध्याय, श्री नानाजी देशमुख और जनसंघ के तत्कालीन संगठन मंत्री श्री रमाकांत तिवारी

चिति

राष्ट्र की आत्मा 'चिति'

"समाज केवल व्यक्तियों का समूह अथवा समुच्चय नहीं, अपितु एक जीवमान सावयव सत्ता है। भूमि विशेष के प्रति मातृ-भाव रखकर चलनेवाले समाज से राष्ट्र बनता है। प्रत्येक राष्ट्र की अपनी एक विशेष प्रकृति होती है जो ऐतिहासिक अथवा भौगोलिक कारणों का परिणाम नहीं अपितु जन्मजात है। इसे 'चिति' कहते हैं। राष्ट्रों का उदय व पात 'चिति' के अनुकूल अथवा प्रतिकूल व्यवहार पर निर्भर करता है। विभिन्न विशिष्टताओं वाले राष्ट्र परस्पर पूरक होकर मानव एकता का निर्माण कर सकते हैं। राष्ट्रों की प्रकृति मानव एकता की विरोधी नहीं, यदि कहीं उसे विरुद्ध आचरण दिखता है तो वह विकृति का द्योतक है। राष्ट्रों का विनाश कर मानव एकता उसी प्रकार असंभव तथा अवांछनीय है जिस प्रकार व्यक्तियों को नष्ट कर समष्टि का अस्तित्व या विकास।"

—पं. दीनदयाल उपाध्याय : विचार दर्शन, खंड-7: व्यक्ति-दर्शन; विश्वनाथ नारायण देवधर; सुरुचि प्रकाशन, नई दिल्ली; 2014; पृ. 76

राष्ट्र का वास्तविक स्वरूप 'चिति'

"राष्ट्र का वास्तविक स्वरूप समझने के लिए उस मूल तत्त्व की ठीक-ठीक पहचान करनी होगी, जिसके आविर्भाव से राष्ट्र का उदय होता है, जिसके कारण राष्ट्र की धारणा होती है और जिसके क्षीण पड़ने से राष्ट्र विनाश की ओर अग्रसर हो जाता है। यह मूल तत्त्व है—राष्ट्र की प्रकृति जिसे शास्त्रीय ढंग से 'चिति' नाम से संबोधित किया गया है। चिति वह मानदंड है जिससे हर वस्तु को मान्य अथवा अमान्य किया जाता है।"

—राष्ट्र जीवन की दिशा : दीनदयाल उपाध्याय; सं.-रामशंकर अग्निहोत्री, भानुप्रताप शुक्ल; लोकहित प्रकाशन, लखनऊ; 2008; पृ. 43

बैलगाड़ी पर लखनऊ अधिवेशन में जाते हुए पं. दीनदयाल उपाध्याय, श्री अटल बिहारी वाजपेयीजी व अन्य नेतागण (30 दिसंबर, 1960)

चिति—अखंड भारत की पहचान

"चिति जनसमूह के प्रत्येक व्यक्ति में मातृभूमि के प्रति परम सुख की भावना रूप में रहती है। वह सर्वोत्कृष्ट सुख जिसके समक्ष अन्य सब बातें फीकी लगें, इस चिति द्वारा स्थापित होता है। इसकी झलक व्यक्ति के सब प्रकार के कार्यों में दिखाई पड़ती है। उसके समस्त व्यापार, नि:शेष चेष्टाएँ अखिल कर्म इसी चिति के प्रकाश में चैतन्य रहते हैं। जब तक 'चिति' जागृत और निरामय रहती है तब तक राष्ट्र का अभ्युदय होता रहता है। इसी चेतना के आधार पर राष्ट्र संगठित होता है। चिति से जागृत और एकीभूत हुई समष्टि की प्राकृतिक छात्र शक्ति अर्थात् अनिष्टों से रक्षा करनेवाली शक्ति विराट् कही जाती है।'''चिति' के प्रकाश से जागृत एक जन की संगठित कार्यशक्ति विराट् से संचालित जीवन मातृभूमि की अराधना में इहलौकिक तथा पारलौकिक सभी प्रकार के ऐश्वर्य की प्राप्ति करता हुआ विश्व में अजेय बनकर खड़ा होता है। यही राष्ट्र के संबंध में चिरंतन सत्य सिद्धांत है और इसी सत्य का प्रकटीकरण भारत में हिंदू राष्ट्र है।"

—राष्ट्र जीवन की दिशा: दीनदयाल उपाध्याय; सं.-रामशंकर अग्निहोत्री, भानुप्रताप शुक्ल; लोकहित प्रकाशन, लखनऊ; 2008; पृ. 50

चिति के आविष्कार के उपकरण

"समाज की चिति स्वयं को अभिव्यक्त करने तथा व्यक्तियों को विभिन्न पुरुषार्थों के संपादन की सुविधा प्राप्त कराने के लिए अनेक संस्थाओं को जन्म देती है। समाज में इनकी वही स्थिति है जो शरीर में विभिन्न अंगों की। जाति, वर्ण, पंचायत, संप्रदाय, संघ, पूग, विवह, संपत्ति, राज्य आदि इसी प्रकार की संस्थाएँ हैं। राज्य महत्त्वपूर्ण है, किंतु सर्वोपरि नहीं।"

—पं. दीनदयाल उपाध्याय : विचार दर्शन, खंड-7: व्यक्ति-दर्शन; विश्वनाथ नारायण देवधर; सुरुचि प्रकाशन, नई दिल्ली; 2014; पृ. 77

□

एक रेखाचित्र में (दाएँ से बाएँ) श्री गुरुजी, डॉ. श्यामाप्रसाद मुकर्जी, पं. दीनदयाल उपाध्याय और श्री रामप्रकाश गुप्त

विराट्

हम 'विराट्' जाग्रत् करें

"जैसे राष्ट्र का आधार चिति होती है, वैसे ही जिस शक्ति से राष्ट्र की धारणा होती है, उसे 'विराट्' कहते हैं। 'विराट्' राष्ट्र की वह कर्मशक्ति है जो चिति से जाग्रत् एवं संगठित होती है। विराट् का राष्ट्र जीवन में वही स्थान है जो शरीर में प्राण का है। प्राण से ही सभी इंद्रियों को शक्ति मिलती है, बुद्धि को चैतन्य प्राप्त होता है और आत्मा शरीरस्थ रहता है। राष्ट्र में भी विराट् के सबल होने पर ही उसके भिन्न-भिन्न अवयव अर्थात् संस्थाएँ सक्षम और समर्थ होती हैं। अन्यथा संस्थागत व्यवस्था केवल दिखावा मात्र रह जाती है। 'विराट्' के आधार पर ही प्रजातंत्र सफल होता है और राज्य बलशाली बनता है। इसी अवस्था से राष्ट्र की विविधता उसकी एकता के लिए बाधक नहीं होती। भाषा, व्यवसाय आदि भेद तो सभी जगह होते हैं। किंतु जहाँ 'विराट्' जाग्रत् रहता है, वहाँ संघर्ष नहीं होते हैं। सब लोग शरीर के भिन्न-भिन्न अवयवों की भाँति या कुटुंब के घटकों के समान परस्पर पूरकता से काम करते रहते हैं।

"हमें अपने राष्ट्र के 'विराट्' को जाग्रत् करने का काम करना है। अपने प्राचीन के प्रति गौरव का भाव लेकर, वर्तमान का यथार्थवादी आकलन कर और भविष्य की महत्त्वाकांक्षा लेकर हम इस कार्य से जुट जाएँ। हम भारत को न तो किसी पुराने जमाने की प्रतिच्छाया बनाना चाहते हैं और न रूस या अमेरिका की तसवीर।"

—एकात्म मानववाद; दीनदयाल उपाध्याय; प्रकाशक— भारतीय जनता पार्टी, नई दिल्ली; 2012; पृ. 67

□

लखनऊ अधिवेशन के मंच पर अध्यक्ष श्री पीतांबर दास (प्रथम पंक्ति में दाएँ) तथा उनके पीछे दूसरी पंक्ति में श्री जगन्नाथराव जोशी (सबसे बाएँ), पं. दीनदयाल उपाध्याय (दाएँ से दूसरे), श्री अटल बिहारी वाजपेयी (दाएँ) एवं अन्य (1960)

राष्ट्रीयता का आधार

राष्ट्रीयता का आधार—भारतमाता

"हमारी राष्ट्रीयता का आधार 'भारतमाता' है, केवल भारत नहीं। माता शब्द हटा दीजिए तो भारत केवल जमीन का एक टुकड़ा मात्र रह जाएगा। इस भूमि का और हमारा ममत्व तब आता है, जब माता वाला संबंध जुड़ता है। कोई भी भूमि तब तक देश नहीं कहला सकती, जब तक कि उसमें किसी जाति का मातृक ममत्व, यानी ऐसा ममत्व जैसा पुत्र का माता के प्रति होता है, न हो। यही देशभक्ति है, तथापि देशभक्ति का मतलब जमीन के टुकड़े के साथ प्रेम होना मात्र नहीं है। कई पशु-पक्षी भी तो अपने घर से बहुत प्रेम करते हैं—साँप अपना बिल नहीं छोड़ता, शेर मांद में ही निवास करता है, पक्षी रात में अपने घोंसले में लौट आते हैं, किंतु ये देशभक्त हैं, ऐसा नहीं कहा जा सकता। मानव भी जहाँ रहता है, वहाँ से उसका कुछ-न-कुछ लगाव हो ही जाता है, फिर भी इतने मात्र से देशभक्ति नहीं आती। उन लोगों का प्रेम ही देशभक्ति कही जाएगी, जो देश में 'एक जन' के नाते संबद्ध हैं। पुत्र रूप, 'एक जन' और माता रूप 'भूमि' के मिलन से ही देश की सृष्टि होती है। यही देशभक्ति है, जो अमर है।"

—राष्ट्रजीवन की दिशा : दीनदयाल उपाध्याय; सं.-रामशंकर अग्निहोत्री, भानुप्रताप शुक्ल; लोकहित प्रकाशन, लखनऊ; 2008; पृ. 49

□

भारतीय जनसंघ, कालीकट अधिवेशन के दौरान पं. दीनदयाल उपाध्याय प्रसन्न मुद्रा में (1967)

राष्ट्र और राज्य

राष्ट्र और राज्य में अंतर

'राष्ट्र, एक स्थायी सत्य है। राष्ट्र की आवश्यकताओं को पूर्ण करने के लिए 'राज्य' पैदा होता है। 'राज्य' की उत्पत्ति के दो कारण बताए जाते हैं, यानी 'राज्य' की आवश्यकता दो स्थितियों में होती है। पहली आवश्यकता तब होती है जब राष्ट्र के लोगों में कोई विकृति आ जाए, उसके कारण उत्पन्न समस्याओं का नियमन करने के लिए राज्य उपस्थित किया जाता है। उदाहरण के लिए किसी मोहल्ले में यदि कोई झगड़ा न हो और न ही ऐसी कोई संभावना हो तो पुलिस कहीं दिखाई नहीं पड़ती, किंतु बलवा हो जाए तो झट पुलिस को बुलाया जाता है। दूसरी आवश्यकता तब पड़ती है जब समाज में कोई जटिलता उपस्थित हुई हो जाए एवं सार्वजनिक जीवन में व्यवस्था निर्माण करना जरूरी हो। निर्बलता, असहायता, दरिद्रता का लाभ शक्तिशाली संपन्न और साधनयुक्त वर्ग न उठा सके, सब न्याय की सीमाओं में बंधे चल सकें, इसके लिए राज्य का निर्माण किया जाता है। वास्तव में इन दो कारणों से ही राज्य उत्पन्न होता है। समाज में आई हुई विकृति का नियमन करने के लिए विकृत व्यक्तियों को दंडित करना यानी शांति स्थापित करना और समाज में आई हुई जटिलता को सुलझाकर प्रत्येक व्यक्ति के लिए न्यायपूर्ण सम्मानित जीवन सुकर बना देना यानी सुव्यवस्था करना ही 'राज्य' के कार्य माने गए हैं। तीसरा एक कार्य जो इन्हीं दोनों कार्यों की पूर्ति का एक अंग है, वह विश्व के अन्य राज्यों के साथ संबंध स्थापित करना है, यानी बाह्य आक्रमण से रक्षा करने का कार्य भी राज्य करता है।''

— राष्ट्रजीवन की दिशा : दीनदयाल उपाध्याय; सं.–रामशंकर अग्निहोत्री, भानुप्रताप शुक्ल; लोकहित प्रकाशन, लखनऊ; 2008; पृ. 38

सच्चा सामर्थ्य राज्य में नहीं 'राष्ट्र' में ही रहता है

''राष्ट्रीय समाज 'राज्य' से बढ़कर, 'राष्ट्र' की आराधना करें। सच्चा सामर्थ्य 'राज्य' में नहीं 'राष्ट्र' में ही रहता है। इसलिए जो 'राष्ट्र' के प्रेमी हैं वे राजनीति के

कच्छ में प्रदर्शन के लिए जुलूस में जाते हुए पं. दीनदयाल उपाध्याय (बाएँ से दूसरे)–1960

ऊपर राष्ट्रभाव का आराधन करते हैं। 'राष्ट्र' ही एकमेव सत्य है। इस सत्य की उपासना करना सांस्कृतिक कार्य कहलाता है। राजनीतिक कार्य भी तभी सफल हो सकते हैं, जब इस प्रकार के प्रखर राष्ट्रवाद से युक्त सांस्कृतिक कार्य की शक्ति उसके पीछे सदैव विद्यमान रहे।"

—राष्ट्र जीवन की दिशा : दीनदयाल उपाध्याय; सं.-रामशंकर अग्निहोत्री, भानुप्रताप शुक्ल; लोकहित प्रकाशन, लखनऊ; 2008; पृ. 41

□

जनसंघ के संसदीय कार्यालय (1, फिरोजशाह रोड, नई दिल्ली) के उद्घाटन अवसर (10, अगस्त 1967) पर पं. दीनदयाल उपाध्याय चौथी लोकसभा में चुने गए तत्कालीन सदस्यों एवं तत्कालीन पार्टी पदाधिकारियों के साथ। प्रथम पंक्ति में बाएँ से दाएँ— श्री नरायण स्वरूप शर्मा (सांसद, डूमरियागंज, उ.प्र.), मेजर रणजीत सिंह (सांसद, खलीलाबाद, उ.प्र.), श्री श्रीचंद गोयल (सांसद, चंडीगढ़), श्री सूरज भान (सांसद, अंबाला, हरियाणा), दूसरी पंक्ति में बाएँ से दाएँ— श्री सुंदर सिंह भंडारी (राज्यसभा सदस्य, राजस्थान), श्री अटल बिहारी वाजपेयी (सांसद, बलरामपुर, उ.प्र.), श्री बलराज मधोक (सांसद, दक्षिण दिल्ली), पं. दीनदयाल उपाध्याय, श्री जगन्ननाथ राव जोशी (सांसद, शाजापुर, म.प्र.), तीसरी पंक्ति में बाएँ से दाएँ— संसदीय कार्यालय के तत्कालीन सचिव श्री राजेंद्र शर्मा, श्री शारदा नंद दीक्षित (सांसद, सीतापुर, उ.प्र.), श्री कँवर लाल गुप्ता (सांसद, दिल्ली सदर, दिल्ली), श्री यज्ञदत्त शर्मा (सांसद, गुरुदासपुर, पंजाब), श्री बेनीशंकर शर्मा (सांसद, बांका, बिहार), श्री जगदीश प्रसाद माथुर (राष्ट्रीय सचिव, जनसंघ), श्री बी. एस. चौहान एवं श्री मनोहरलाल सोंधी (सांसद, नई दिल्ली, दिल्ली)

अखंड भारत

अखंड भारत—अनेकता में एकता का द्योतक

"अखंड भारत देश की भौगोलिक एकता का ही परिचायक नहीं अपितु जीवन के भारतीय दृष्टिकोण का द्योतक है, जो अनेकता में एकता के दर्शन करता है। अतः हमारे लिए अखंड भारत कोई राजनीतिक नारा नहीं जो परिस्थिति विशेष में जनप्रिय होने के कारण हमने स्वीकार किया हो बल्कि यह तो हमारे संपूर्ण दर्शन का मूलाधार है।...राष्ट्रीय और एकात्मक संस्कृति की जो आधारभूत मान्यताएँ जन-संघ ने स्वीकार की हैं, उन सबका समावेश 'अखंड भारत' शब्द के अंतर्गत हो जाता है। अटक से कटक, कच्छ से कामरूप तथा कश्मीर से कन्याकुमारी तक संपूर्ण भूमि के कण-कण को पुण्य और पवित्र ही नहीं अपितु आत्मीय मानने की भावना अखंड भारत के अंदर अभिप्रेत है। इस पुण्यभूमि पर अनादि काल से जो प्रजा उत्पन्न हुई तथा आज जो है, उनमें स्थान और काल के क्रम से ऊपरी भिन्नताएँ चाहे जितनी हों, किंतु उनके संपूर्ण जीवन में मूलभूत एकता का दर्शन अखंड भारत का प्रत्येक पुजारी करता है।"

—राष्ट्र-चिंतन; पं. दीनदयाल उपाध्याय; लोकहित प्रकाशन, लखनऊ; 2007, पृ. 26-27

अखंड भारत की आनंदानुभूति

"संपूर्ण जीवन की एकता की अनुभूति तथा उस अनुभूति के मार्ग में आनेवाली बाधाओं को दूर करने के रचनात्मक प्रयत्न का ही नाम इतिहास है। गुलामी हमारी एकत्वानुभूति में सबसे बड़ी बाधा थी, फलतः हम उसके विरुद्ध लड़े। स्वराज्य प्राप्ति उस अनुभूति में सहायक होनी चाहिए थी, यह नहीं हुई, इसलिए हम खिन्न हैं। आज हमारे जीवन में विरोधी भावनाओं का संघर्ष हो रहा है। हमारे राष्ट्र की प्रकृति है—'अखंड भारत'। खंडित विकृति है। आज हम विकृति में आनंदानुभूति का धोखा खाना चाहते हैं, किंतु आनंद मिलता नहीं। यदि हम सत्य को स्वीकार करें तो हमारा अंतः संघर्ष दूर होकर हमारे प्रयत्नों में एकता और बल आ सकेगा।"

—राष्ट्र-चिंतन; पं. दीनदयाल उपाध्याय; लोकहित प्रकाशन, लखनऊ; 2007, पृ. 27

□

चीनी प्रधानमंत्री चाऊ-एन-लाय के दिल्ली आगमन की पूर्व संध्या पर जनसंघ द्वारा निषेध यात्रा। दूसरी पंक्ति में श्री अटल बिहारी वाजपेयी, श्री बलराज मधोक और पं. दीनदयाल उपाध्याय जनसंघ के अन्य नेताओं के साथ (अप्रैल 1960)

संस्कृति

संस्कृति ही राष्ट्र की आत्मा है

"राष्ट्र की सांस्कृतिक स्वतंत्रता तो अत्यंत महत्त्व की है, क्योंकि संस्कृति ही राष्ट्र के संपूर्ण शरीर में प्राणों के समान संचार करती है। प्रकृति के तत्त्वों पर विजय पाने के प्रयत्न में तथा मानवानुभूति की कल्पना में मानव जिस जीवन दृष्टि की रचना करता है, वह उसकी संस्कृति है। संस्कृति कभी गतिहीन नहीं होती अपितु वह निरंतर गतिशील है फिर भी उसका अपना एक अस्तित्व है। नदी के प्रवाह की भाँति निरंतर गतिशील होते हुए भी वह अपनी निजी विशेषताएँ रखती है, जो उस सांस्कृतिक दृष्टिकोण को उत्पन्न करनेवाले समाज के संस्कारों में तथा उस सांस्कृतिक भावना से अन्य राष्ट्र के साहित्य, कला, दर्शन स्मृति शास्त्र, समाज रचना, इतिहास एवं सभ्यता के विभिन्न अंग-अंगों में व्यक्त होती है। परतंत्रता के काल में इन सब पर प्रभाव पड़ जाता है तथा स्वाभाविक प्रवाह अवरुद्ध हो जाता है। आज स्वतंत्र होने पर आवश्यक है कि हमारे प्रवाह की संपूर्ण बाधाएँ दूर हों तथा हम अपनी प्रतिभा के अनुरूप क्षेत्रों का विकास कर सकें। राष्ट्रभक्ति की भावना का निर्माण करने और उसको साकार स्वरूप देने का श्रेय भी राष्ट्र की संस्कृति को ही है, तथा वही राष्ट्र की संकुचित सीमाओं को तोड़कर मानव की एकात्मकता का अनुभव कराती है। अत: संस्कृति की स्वतंत्रता परमावश्यक है, बिना उसके राष्ट्र की स्वतंत्रता निरर्थक ही नहीं टिकाऊ भी नहीं रह सकेगी।"

—राष्ट्र जीवन की दिशा : दीनदयाल उपाध्याय; सं.-रामशंकर अग्निहोत्री, भानुप्रताप शुक्ल; लोकहित प्रकाशन, लखनऊ; 2008; पृ. 33-34

भारतीय संस्कृति की विशेषता

"भारतीय संस्कृति की पहली विशेषता यह है कि संपूर्ण जीवन का, संपूर्ण सृष्टि का संकलित विचार करती है। विविधता में एकता का, विविध रूपों में व्यक्तीकरण ही भारतीय संस्कृति का केंद्र रूप है।"

—एकात्म मानववाद; दीनदयाल उपाध्याय; प्रकाशक : भारतीय जनता पार्टी, नई दिल्ली; 2012; पृ. 19

वृंदावन में स्थित संत श्री प्रभुदत्त ब्रह्मचारी के आश्रम में गोरक्षा महाभियान समिति द्वारा आयोजित एक कार्यक्रम में आसन पर विराजमान स्वामी विश्वेश तीर्थ, (बाएँ से दाएँ) श्री गुरुजी, पं. दीनदयाल उपाध्याय, श्री अटल बिहारी वाजपेयी, प्रभुदत्त ब्रह्मचारी तथा अन्य (11 अप्रैल, 1965)

संस्कृति व स्वराज्य

"राष्ट्रीय दृष्टि से संस्कृति का विचार करना आवश्यक है, क्योंकि वह उसकी प्रकृति और स्वभाव है। स्वराज्य का संस्कृति से घनिष्ठ संबंध रहता है। संस्कृति का विचार न रहा तो स्वराज्य की लड़ाई मात्र रह जाती है। स्वराज्य तभी साकार और सार्थक होता है जब वह अपनी संस्कृति की अभिव्यक्ति का साधन बनता है। इस अभिव्यक्ति में ही विकास और आनंद की अनुभूति होती है।"

—एकात्म मानववाद : दीनदयाल उपाध्याय; प्रकाशक : भारतीय जनता पार्टी, नई दिल्ली; 2012; पृ. 19

विविधता में एकता—भारतीय संस्कृति का परिचायक

"संसार में एकता का दर्शन कर, उसके विविध रूपों के बीच परस्पर पूरकता को पहचानकर उनमें परंपरानुकूलता का विकास करना तथा उसका संस्कार करना ही संस्कृति है। प्रकृति को ध्येय की सिद्धि के अनुकूल बनाना संस्कृति और उसके प्रतिकूल बनाना विकृति है। संस्कृति प्रकृति की अवहेलना नहीं करती, उसकी ओर दुर्लक्ष्य नहीं करती, बल्कि प्रकृति में जो भाव-सृष्टि की धारणा तथा उसको अधिक सुखकर और हितकर बनानेवाले हैं, उसको बढ़ावा देकर दूसरी प्रवृत्तियों की बाधा को रोकना ही संस्कृति है।"

—लेख "भारतीय संस्कृति के प्रबल पक्षधर : पं. दीनदयाल उपाध्याय"; डॉ. अर्जुनदास केसरी; पत्रिका— उत्तर प्रदेश संदेश; प्रकाशक : सूचना एवं जनसंपर्क विभाग, उत्तर प्रदेश, सितंबर 1991; पृष्ठ-82

भारतीय संस्कृति—एकात्मवादी

"भारतीय संस्कृति की पहली विशेषता यह है कि वह संपूर्ण जीवन का, संपूर्ण सृष्टि का संकलित विचार करती है। उसका दृष्टिकोण एकात्मवादी (Integranted) है। टुकड़े-टुकड़ों में विचार करना विशेषज्ञ की दृष्टि से ठीक हो सकता है, लेकिन व्यवहारिक दृष्टि से उपयुक्त नहीं। पश्चिम की समस्या का मुख्य कारण उनका जीवन के संबंध में टुकड़े-टुकड़ों में विचार और फिर उन सबको थेकली लगाकर जोड़ने का प्रयत्न है। हम यह तो स्वीकार करते हैं कि जीवन में अनेकता अर्थात् विविधता है, किंतु उसके मूल्य में निहित एकता को खोज निकालने का हमने सदैव प्रयत्न किया है। यह प्रयत्न पूर्णत: वैज्ञानिक है।...डार्विन ने 'मत्स्य न्याय' को जीवन का आधार माना। किंतु हमने संपूर्ण जीवन में मूलभूत एकता का दर्शन किया। जो द्वैतवादी रहे उन्होंने भी प्रकृति और पुरुष को एक-दूसरे का विरोधी अथवा परस्पर संघर्षशील न मानकर पूरक ही माना है।

जनसंघ के एक कार्यक्रम में (बाएँ से दाएँ) जनसंघ दिल्ली प्रदेश अध्यक्ष श्री गुरुदत्त, पं. दीनदयाल उपाध्याय, श्री ए. रामाराव (सबसे दाएँ), श्री देवी प्रसाद घोष (दाएँ से दूसरे) व अन्य।

जीवन विविधता अंतर्भूत एकता का आविष्कार है और इसलिए उनमें परस्परानुकूलता तथा परस्पर पूरकता है। बीज की एकता ही पेड़ के मूल, तना, शाखाएँ, पत्ते, फूल और फल के विविध रूपों में प्रकट होती है। इन सबके रंग, रूप तथा कुछ-न-कुछ मात्रा में गुण में अंतर होता है। फिर भी उनके बीज के साथ के एकत्व के संबंध को हम सहज ही पहचान सकते हैं।''

—एकात्म मानववाद; दीनदयाल उपाध्याय; प्रकाशक : भारतीय जनता पार्टी, नई दिल्ली; 2012; पृ. 19-20

□

धर्म

धर्म का 'अभिप्राय' रिलीजन नहीं

"धर्म का संबंध केवल मंदिर, मसजिद से नहीं है। उपासना धर्म का एक अंग हो सकती है; किंतु धर्म तो व्यापक है। मंदिर, मसजिद लोगों में धर्माचरण की शिक्षा का प्रभावी माध्यम भी रहे हैं, किंतु जिस प्रकार विद्यालय विद्या नहीं है वैसे ही मंदिर धर्म से भिन्न है। हो सकता है कोई बालक रोज पाठशाला जाए, फिर भी अनपढ़ रह जाए। उसी प्रकार प्रतिदिन मसजिद या मंदिर में जानेवाला व्यक्ति भी धर्महीन हो सकता है। मंदिर, मसजिद में जाना-मत, मजहब, रिलीजन है। रिलीजन को बहुत बार लोगों ने धर्म मान लिया।...रिलीजन यानी मत, पंथ, मजहब, वह धर्म नहीं। धर्म तो एक व्यापक चीज, यह जीवन के सभी पहलुओं से संबंध रखनेवाली चीज है—उससे समाज की धारणा होती है। उससे आगे बढ़ें तो सृष्टि की धारणा होती है। यह धारणा करनेवाली जो चीज है, वह धर्म है।"

—एकात्म मानववाद; दीनदयाल उपाध्याय; प्रकाशक: भारतीय जनता पार्टी, नई दिल्ली; 2012; पृ. 41-42

'मम' अधर्म है, 'न मम' धर्म है

"धर्म संघर्ष में नहीं, समझदारी में होता है। धर्म की सीख है कि एक का दूसरे से नाता समान स्वार्थ का नहीं, एक ही आत्मा का होता है। महाभारत में धर्म और अधर्म की बहुत ही सरल व्याख्या की गई है। 'मम' अधर्म है, 'न मम' धर्म है। 'मेरा कुछ नहीं, सब तेरा है', यह धर्म की भावना होती है और 'सबकुछ मेरा है', यह अधर्म की धारणा होती है। इसका परिणाम यह होता है कि मनुष्य अपने को केंद्र मानकर सारे समाज का विचार करता है। संसार को सुखी करना हो तो 'मन' की संकल्पना का विचार करना ही पड़ेगा। व्यक्ति को स्वतंत्रता और समाज का हित, दोनों का संकलित तालमेल बिठाना होगा। व्यक्ति स्वातंत्र्य अवश्य होना चाहिए। उस पर कोई बंधन न हो।

किंतु उस स्वतंत्रता का उपयोग मनुष्य केवल अपने लिए करता हो तो वह गलत होगा। व्यक्ति को अपने लिए नहीं, समाज के लिए जीना चाहिए तभी वह समाज की सेवा कर सकेगा।''

—पं. दीनदयाल उपाध्याय : विचार दर्शन; खंड-3, राजनीतिक चिंतन, भालचंद्र कृष्णाजी केलकर; सुरुचि प्रकाशन, नई दिल्ली; 2014; पृ.-9

□

कार्यकर्ताओं के बीच में संत श्री प्रभुदत्त ब्रह्मचारी और पं. दीनदयाल उपाध्याय

अर्थ और धर्म का संबंध

अर्थ का अभाव और प्रभाव

"अर्थ के अभाव के समान ही अर्थ का प्रभाव भी धर्म पर घातक होता है। प्रभाव का अर्थ, आधिक्य मात्र नहीं है। जब व्यक्ति और समाज में अर्थ साधन न रहकर साध्य बन जाए तथा जीवन की सभी विभूतियाँ अर्थ से ही प्राप्त हों, तो वहाँ अर्थ का प्रभाव उत्पन्न हो जाता है और वह अर्थ संचय के लिए नानाविध पाप करता है। इसी प्रकार जिस व्यक्ति के पास अधिक धन है, उसके विलासी बन जाने की संभावना रहती है। जिस व्यक्ति को अर्थ के सदुपयोग का ज्ञान नहीं होता, वहाँ भी अर्थ का प्रभाव होता है। जहाँ 'गौण अर्थ' अर्थात् मुद्रा तथा उपभोक्ता वस्तुओं के लिए लगनेवाली उत्पादक वस्तुओं का अधिकार हो, वहाँ भी अर्थ का प्रभाव होता है। इसके लिए शिक्षा संस्कार, दैवी संपदायुक्त व्यक्तियों का निर्माण तथा अर्थव्यवस्था का उपयुक्त ढाँचा सभी का सहारा लेना जरूरी होता है।"

—एकात्म मानववाद : दीनदयाल उपाध्याय, प्रकाशक— भारतीय जनता पार्टी, नई दिल्ली; 2012; पृ. 27-28

अर्थ और धर्म—एक-दूसरे के पूरक

"धर्म महत्त्वपूर्ण है, परंतु यह भी नहीं भूलना चाहिए कि अर्थ के अभाव में धर्म भी नहीं टिक पाता। एक सुभाषित है कि 'बुभुक्षितः किं न करोति पापम्' अर्थात् भूखा व्यक्ति हर पाप कर सकता है।...अतः हमारे यहाँ आदेश है कि अर्थ का अभाव नहीं होना चाहिए, क्योंकि वह धर्म का द्योतक है। इसी प्रकार दंड नीति का अभाव अर्थात् अराजकता ही धर्म के लिए हानिकारक होती है। अतः राज्य की स्थापना धर्म के लिए अत्यंत आवश्यक है।"

—एकात्म मानववाद : दीनदयाल उपाध्याय; प्रकाशक — भारतीय जनता पार्टी, नई दिल्ली; 2012; पृ. 27

□

पं. दीनदयाल उपाध्याय आगरा के संघचालक पं. श्योबरसिंह शर्मा के पुत्र की बरात में, साथ में हैं पं. श्योबर सिंह शर्मा, श्री हरमोहनलाल तथा अन्य बराती और कार्यकर्तागण

हिंदुत्व

विश्व की समस्याओं का समाधान समाजवाद नहीं, हिंदुत्ववाद है

"धर्म, अर्थ, काम, मोक्ष, चारों पुरुषार्थों पर आधारित हिंदू जीवनदर्शन ही हमें वर्तमान संकट से उबार सकता है। विश्व की समस्याओं का समाधान समाजवाद नहीं, हिंदुत्ववाद है। हिंदुत्व एक ऐसा जीवनदर्शन है जो जीवन का विचार साँचे में बंद ढंग से नहीं करता। इस जीवनदर्शन को पुराने निष्प्राण कर्मकांड के साथ जोड़कर हिंदुत्व के बारे में संभ्रम नहीं करना चाहिए। हिंदुत्व को वैज्ञानिक प्रगति के विरुद्ध मानना भी गलत है। विज्ञान तथा तंत्रविज्ञान (टेक्नोलॉजी) का उपयोग हमारे सामाजिक एवं सांस्कृतिक जीवन के अनुरूप रीति से करना चाहिए। हमें राजनीतिक, आर्थिक, सामाजिक एवं सैद्धांतिक अग्रपंक्ति (मोरचों) पर यंत्रवाद का सामना करना पड़ेगा। इसलिए धर्मराज्य, प्रजातंत्र, सामाजिक समानता एवं आर्थिक विकेंद्रीकरण हमारे ध्येय होने चाहिए। जो इन सबका समावेश करे, ऐसा 'वाद' हमें चाहिए। फिर उसे आप जो चाहे नाम दीजिए हिंदुत्ववाद या मानवतावाद।"

—पं. दीनदयाल उपाध्याय : विचार दर्शन, खंड-3, राजनीतिक चिंतन; भालचंद्र कृष्णाजी केलकर; सुरुचि प्रकाशन, नई दिल्ली; 2014; पृ.-70

हिंदू धर्माधिष्ठित वैभव के लिए

"संघ की विचारधारा में इस राष्ट्र को परम वैभव प्राप्त कराने की बात कही गई है। इसका अर्थ यह है कि इस वैभव को फिर से प्राप्त करने के लिए जो भी करना होगा तथा जो उसके उपयुक्त सिद्ध होगा, वही सब हम लोग करनेवाले हैं। उसी प्रकार हम धर्म की रक्षा का भी उल्लेख करते हैं। फिर संघ को ठीक-ठीक क्या करना है? संगठन, धर्म-रक्षा या राष्ट्र के लिए वैभव की प्राप्ति? वस्तुतः ये सभी बातें एक-दूसरे से जुड़ी हैं। प्रकाश के लिए बिजली चाहिए, किंतु बिजली का दीया (बल्ब) भी चाहिए। हम परमात्मा से आशीष माँगते हैं कि हमारी संगठित कार्यशक्ति धर्म की रक्षा करते हुए राष्ट्र को परम वैभव की ओर ले जाए। इस एक वाक्य में सबकुछ समाया हुआ है।"

—पं. दीनदयाल उपाध्याय : विचार दर्शन, खंड-3, राजनीतिक चिंतन; भालचंद्र कृष्णाजी केलकर; सुरुचि प्रकाशन, नई दिल्ली; 2014; पृ.-9

□

छत्रपति शिवाजी के राज्याभिषेक दिवस पर आगरा के लाल किले में आयोजित एक कार्यक्रम को संबोधित करते हुए पं. दीनदयाल उपाध्याय और उन्हें गौर से सुनते हुए उत्तर प्रदेश के तत्कालीन मुख्यमंत्री चौ. चरण सिंह (बाएं)

अंत्योदय

ग्रामीण विकास से ही भारत का विकास संभव

"आर्थिक योजनाओं तथा प्रगति का माप समाज के ऊपर की सीढ़ी पर पहुँचे व्यक्ति से नहीं, बल्कि सबसे नीचे के स्तर पर विद्यमान व्यक्ति से होगा। आज देश में ऐसे करोड़ों मानव हैं, जो मानव के किसी भी अधिकार का उपभोग नहीं कर पाते। शासन के नियम और व्यवस्थाएँ, योजनाएँ और नीतियाँ, प्रशासन का व्यवहार और भावना इनको अपनी परिधि में लेकर नहीं चलती, प्रत्युत् उन्हें मार्ग का रोड़ा ही समझा जाता है। हमारी भावना और सिद्धांत है कि वह मैले-कुचैले, अनपढ़, मूर्ख लोग हमारे नारायण हैं। हमें इनकी पूजा करनी है। यह हमारा सामाजिक एवं मानव धर्म है। जिस दिन इनको पक्के, सुंदर, स्वच्छ घर बनाकर देंगे, जिस दिन हम इनके बच्चों और स्त्रियों को शिक्षा और जीवन-दर्शन का ज्ञान देंगे, जिस दिन हम इनके हाथ और पाँव की बिवाइयों को भरेंगे और जिस दिन इनको उद्योगों और धंधों की शिक्षा देकर इनकी आय को ऊँचा उठा देंगे, उस दिन हमारा भ्रातृभाव व्यक्त होगा। ग्रामों में जहाँ समय अचल खड़ा है, जहाँ माता और पिता अपने बच्चों के भविष्य को बनाने में असमर्थ है, वहाँ जब तक हम आशा और पुरुषार्थ का संदेश नहीं पहुँचा पाएँगे, तब तक हम राष्ट्र के चैतन्य को जागृत नहीं कर सकेंगे। हमारी श्रद्धा का केंद्र आराध्य और उपास्य, हमारे पराक्रम और प्रयत्न का उपकरण तथा उपलब्धियों का मानदंड वह मानव होगा जो आज शब्दशः अनिकेत और अपरिग्रही है।"

—स्मारिका 'समग्र दृष्टि'; प्रकाशक—पं. दीनदयाल उपाध्याय जन्मभूमि स्मारक समिति, नगला चंद्रभान; 8 जनवरी, 1991 (पौष सप्तमी वि. स. 2048); पृ. 4

□

उत्तर प्रदेश के तत्कालीन मुख्यमंत्री चौधरी चरण सिंह और पं. दीनदयाल उपाध्याय

भारतीय अर्थनीति

भारतीय अर्थरचना के राष्ट्रीय लक्ष्य

''हमारे देश को दीर्घ प्रयासों के बाद स्वतंत्रता मिली है। अत: इस राजनीतिक स्वतंत्रता को जो सुरक्षित रखे, ऐसी व्यवस्था हमें करनी चाहिए, यही हमारा प्रथम लक्ष्य है। दूसरी बात, हमारी जनतंत्रीय प्रणाली जिससे संकट में पड़ जाए या जो उसके लिए बाध्य सिद्ध हो, ऐसा आर्थिक नियोजन हम न करें। तीसरा लक्ष्य है, हमारे सांस्कृतिक मूल्य जो अपने राष्ट्रजीवन के लिए ही नहीं, सारे संसार भर के लिए भी अत्यंत उपयोगी हैं, अत: उनकी रक्षा करनी है। अपनी संस्कृति को खोकर हम आर्थिक समृद्धि लाते हैं, तो वह व्यर्थ सिद्ध होगी। चौथा लक्ष्य हमें सैनिक दृष्टि से आत्मरक्षा में समर्थ बनाने का होना चाहिए। पाँचवाँ लक्ष्य आर्थिक स्वावलंबन का हो। जो राष्ट्र आर्थिक दृष्टि से दूसरों पर निर्भर रहता है। उसका स्वाभिमान नष्ट हो जाता है। स्वाभिमानशून्य राष्ट्र अपनी स्वतंत्रता की रक्षा कभी नहीं कर सकता। राजनीतिक स्वतंत्रता की रक्षा करनी हो तो आर्थिक स्वतंत्रता परमावश्यक है। आर्थिक स्वतंत्रता के लिए आर्थिक स्वावलंबन आवश्यक है। छठा लक्ष्य है, प्रजातंत्र में वयस्क मताधिकार की भाँति हर हाथ को काम देनेवाली अर्थव्यवस्था। काम की भाँति न्यूनतम वेतन, न्यायोचित प्राप्ति एवं उसका न्यायोचित वितरण भी सामाजिक हित के लिए आवश्यक होते हैं।''

— पं. दीनदयाल उपाध्याय : विचार दर्शन खंड-3, राजनीतिक चिंतन; भालचंद्र कृष्णाजी केलकर; सुरुचि प्रकाशन, नई दिल्ली; 2014; पृ.-74

हमारी अर्थव्यवस्था का उद्देश्य

- ''प्रत्येक व्यक्ति को न्यूनतम जीवन स्तर की आश्वस्ति तथा राष्ट्र की सुरक्षा सामर्थ्य की व्यवस्था।
- इस स्तर के उपरांत उत्तरोत्तर समृद्धि, जिससे व्यक्ति और राष्ट्र को वे साधन उपलब्ध

आगरा के 'राजा बलवंत सिंह कॉलेज' में छात्रसंघ के उद्घाटन अवसर पर (जुलाई 1967)

हो सकें जिनसे वह अपनी चिति के आधार पर विश्व की प्रगति में योगदान कर सके।

- उपयुक्त लक्ष्यों की सिद्धि के लिए प्रत्येक सबल एवं स्वस्थ व्यक्ति को रोजगार का अवसर देना तथा प्रकृति के साधनों को मितव्ययिता के साथ उपयोग करना।
- राष्ट्र के उत्पादक उत्पादनों का विचार कर अनुकूल प्रौद्योगिकी का विकास करना।
- यह व्यवस्था मानव की अवहेलना न कर उसके विकास में साधक हो तथा समाज के सांस्कृतिक एवं अन्य जीवन-मूल्यों की रक्षा करे। लक्ष्मण रेखा है जिसका अतिक्रमण अर्थ रचना किसी भी परिस्थिति में नहीं कर सकती।
- विभिन्न उद्योगों आदि में राज्य, व्यक्ति अन्य संस्थाओं के स्वामित्व का निर्णय व्यवहारिक आधार पर हो।
- यह कुछ मोटी-मोटी बाते हैं जिनका विचार कर हमें अर्थ-रचना करनी होगी। आज की परिस्थिति में यदि किन्हीं दो शब्दों का प्रयोग कर अपनी अर्थव्यवस्था की दिशा के परिवर्तन को बताना हो तो वे हैं 'विकेंद्रीकरण' और 'स्वदेशी'। हम आज जो रचना कर रहे हैं उसमें 'केंद्रीकरण' जाने अथवा अनजाने में हमारी श्रद्धा का विषय बन गया है। केंद्रीकरण ही आर्थिक है, यह हमारी मान्यता बन गई है और इसलिए उसके दुष्परिणाम की चिंता न करते हुए अथवा जानकर भी विवशता वश हम उसी ओर बढ़ रहे हैं। यही हाल स्वदेशी का है। स्वदेशी की कल्पना बीते युग की तथा मतिगामीपन की द्योतक समझी जाती है। विदेशों की हर वस्तु हम बड़े चाव से ले रहे हैं। विचार, व्यवस्था, पद्धति, पूँजी, उत्पादन प्रणाली, प्रौद्योगिकी तथा उपभोग के मानदंड सभी क्षेत्रों में हम विदेशों पर निर्भर हैं। यह प्रगति का रास्ता नहीं, इससे विकास नहीं होगा। हम अपने 'स्व' को विस्तृत कर परतंत्र हो जाएँगे, स्वदेशी के भावात्मक रूप को समझकर हमें उसके सृजन का आधार एवं अवलंब बनाना चाहिए।''

—एकात्म मानववाद : दीनदयाल उपाध्याय; प्रकाशक— भारतीय जनता पार्टी, नई दिल्ली; 2012; पृ. 64-65

मौलिक विचार की आवश्यकता

''आवश्यकता है कि हम अपने जीवन दर्शन का विचार कर भारतीय अर्थव्यवस्था का मौलिक निरूपण करें तथा आज की समस्याओं को यथार्थ की कंटकाकीर्ण, ऊबड़-खाबड़ किंतु ठोस भूमि पर खड़े होकर सुलझाएँ। भारत के 'स्व' का साक्षात्कार किए बिना हम अपनी समस्याओं को सुलझा नहीं पाएँगे। यदि किसी क्षेत्र में संयोगवश थोड़ी बहुत सफलता मिल भी गई तो उसका परिणाम हमारे लिए हितकर नहीं होगा। हम

एक कार्यक्रम में (बाएँ से दाएँ) श्री भाऊराव देवरस और पं. दीनदयाल उपाध्याय

परानुकरण की ओर अधिक प्रवृत्त होंगे। अपने स्वत्व और सामर्थ्य के विकास के स्थान पर परावलंबन का भाव हमारे मन में घर कर जाएगा। आत्महीनता का यह भाव घुन की तरह राष्ट्र की जड़ें खोखली कर देगा। इस प्रकार जर्जर–मूल राष्ट्र कभी झंझावातों में खड़ा नहीं रह सकता। यदि हमें देश का विकास करना है तो इस प्रश्न का अंतर्मुख होकर विचार करना ही होगा।''

— भारतीय अर्थ–नीति, विकास की एक दिशा; दीनदयाल उपाध्याय; राष्ट्रधर्म प्रकाशन लिमिटेड, 1958; पृ. 7

आर्थिक कार्यक्रम के आधारभूत लक्ष्य

''हम जब भारत के लिए आर्थिक कार्यक्रम का विचार करते हैं तो हमारे सम्मुख कुछ ऐसे निश्चित लक्ष्य एवं तथ्य आते हैं, जिन्हें हम बदलना नहीं चाहेंगे, बल्कि सब प्रकार से उनका संरक्षण एवं संवर्द्धन ही हमारे प्रयत्नों का उद्‌देश्य होना चाहिए। प्रथम भारत ने बड़े प्रयत्नों के बाद अंग्रेजों से मुक्ति पाई है। हम किसी भी शर्त पर इस स्वतंत्रता को गँवाना नहीं चाहेंगे। हमारी योजनाओं का प्रथम लक्ष्य होना चाहिए, अपनी राजनीतिक स्वतंत्रता की रक्षा का सामर्थ्य उत्पन्न करना। दूसरे हमने अपने लिए एक प्रजातंत्रीय ढाँचा चुना है। यदि आर्थिक समृद्धि का कोई भी कार्यक्रम हमारी प्रजातंत्रीय पद्धति के मार्ग में बाधक होता है तो वह हमें स्वीकार नहीं होगा। तीसरे हमारे जीवन के कुछ सांस्कृतिक मूल्य हैं, जो हमारे लिए तो राष्ट्रीय जीवन के कारण, परिणाम और सूचक हैं तथा विश्व के लिए भी अत्यंत उपादेय हैं। विश्व को इस संस्कृति का ज्ञान कराना ही हमारा राष्ट्रीय जीवनोद्‌देश्य हो सकता है। इस संस्कृति को गँवाकर यदि हमने अर्थ कमाया भी तो वह निरर्थक और अनर्थकारी होगा।''

— भारतीय अर्थ–नीति : विकास की एक दिशा; दीनदयाल उपाध्याय; राष्ट्रधर्म प्रकाशन लिमिटेड, 1958, पृ. 17

□

'कच्छ बचाओ आंदोलन' में भाग लेते हुए पं. दीनदयाल उपाध्याय,
श्री अटल बिहारी वाजपेयी, श्री केदारनाथ साहनी व अन्य नेतागण (30 जून, 1965)

श्री बच्छराज व्यास 'कच्छ बचाओ आंदोलन' में भाग लेते हुए, साथ में हैं
श्री बलराज मधोक व पं. दीनदयाल उपाध्याय (30 जून, 1965)

सेक्युलर–अर्थ-अनर्थ

एकं सद्विप्राः बहुधा वदन्ति

"आज भारतवर्ष के नेतागण यद्यपि पश्चिमी आदर्शों को अपनाकर भावी भारत की रचना करना चाहते हैं। उसके अनुसार पश्चिम के अर्थ में, सेक्युलर स्टेट का अर्थ लौकिक राज्य ही लगाया जा सकता है, किंतु भारतीय जनता धर्म-राज्य या राम-राज्य की भूखी है और वह केवल लौकिक उन्नति में ही संतोष नहीं कर सकती। भारतीयता की स्थापना भी केवल एकांगी उन्नति से नहीं हो सकती, क्योंकि हमने लौकिक और पारलौकिक उन्नति को एक-दूसरे का पूरक ही नहीं तो एक-दूसरे से अभिन्न माना है। किंतु पारलौकिक उन्नति के क्षेत्र में राज्य की ओर से किसी एक मत की कल्पना अनुचित होगी, अतः उसके द्वारा ऐसा वातावरण उत्पन्न करना होगा जिसमें सभी मत बढ़ सकें तथा 'एकं सद्विप्राः बहुधा वदन्ति' के सिद्धांत का पालन कर सकें।

फलतः हमारे राज्य के लिए 'लौकिक राज्य' 'सेक्युलर स्टेट' का ठीक पर्याय होने पर भी मौजू नहीं होगा। धर्म शब्द की उपर्युक्त परिभाषा एवं 'धारणाद्धर्ममित्याहुः धर्मोधारयते प्रजाः' आदि परिभाषाओं के अनुसार यह शब्द अंग्रेजी के 'रिलीजन' का पर्यायवाची न होकर उससे भिन्न है तथा व्यापक अर्थ वाला है। हमारे यहाँ बिना धर्म के तो किसी के भाव की, उसके अस्तित्व की ही कल्पना कठिन है। फलतः हम समझते हैं कि हमारा राज्य धर्म को तिलांजलि नहीं दे सकता, अतः अधार्मिक, धर्मनिरपेक्ष, धर्मरहित, धर्महीन, धर्मविरत आदि सभी शब्द न तो हमारे राज्य के आदर्श को ही प्रकट करते हैं और न सेक्युलर स्टेट के ठीक पर्याय हो सकते हैं।"

— राष्ट्रजीवन की दिशा : दीनदयाल उपाध्याय; सं., रामशंकर अग्निहोत्री, भानुप्रताप शुक्ल; लोकहित प्रकाशन, लखनऊ; 2008; पृ. 55

'सेक्युलर' को 'असांप्रदायिक' ही कहें

'असांप्रदायिक' शब्द से राज्य के ठीक-ठीक आदर्श की ही बात नहीं होती अपितु 'सेक्युलर' के शाब्दिक नहीं तो पाश्चात्य व्यवहारिक अर्थ के भी यह बहुत

कार्यकर्ताओं के मध्य पं. दीनदयाल उपाध्याय (सबसे बाएँ)

निकट है। रूस को छोड़कर किसी राज्य ने कभी रिलीजन (मत) को समाप्त नहीं किया और आज तो रूस ने भी पूजा स्वातंत्र्य को मान लिया है, यद्यपि राज्य की ओर से वहाँ किसी को कोई सुविधा नहीं मिलेगी। शेष सभी राज्यों में सभी संप्रदायों को अपने मत के द्वारा आत्मिक, शारीरिक स्वतंत्रता है, तथा इंग्लैंड के राजा को छोड़कर शेष किसी में संप्रदाय विशेष के प्रति पक्षपात नहीं है। अत: उन राज्यों को भी पवित्र रोमन साम्राज्य के विरोध में चाहे लौकिक समझा जाए, किंतु 'असांप्रदायिक' कहना ही अधिक युक्तिसंगत होगा। 'असांप्रदायिक' शब्द के द्वारा हमारे नेताओं का अर्थ भी अधिक स्पष्ट होता है क्योंकि आज 'सेक्युलर' शब्द का प्रयोग केवल पाकिस्तान से, जिसने अपने आपको इसलामी राज्य घोषित किया है, भिन्नता दिखाना ही है। भारत इसलामी राज्य के समान किसी एक संप्रदाय का राज्य नहीं है, यही हमारे नेता प्रकट करना चाहते हैं और इसके लिए उन्होंने 'सेक्युलर' शब्द को चुना है। आज यद्यपि सांप्रदायिक और राष्ट्रीय शब्दों का ठीक-ठीक ज्ञान न होने के कारण 'सेक्युलर' शब्द का नाम लेकर रेडियो से गीता और रामायण आदि का पाठ बंद करना आदि अनेक कार्य कर दिए जाते हैं। फिर भी भारतीय राज्य का आदर्श घोषित करते समय हमारे नेताओं के मस्तिष्क में जो प्रधान धारणा रही वह 'असांप्रदायिक' शब्द से ही अधिक व्यक्त होती है। उपर्युक्त सभी कारणों से 'असांप्रदायिक' शब्द ही 'सेक्युलर' का निकटतम भाषांतर है और उसी का प्रयोग किया जाना चाहिए।

—राष्ट्रजीवन की दिशा : दीनदयाल उपाध्याय; सं.-रामशंकर अग्निहोत्री, भानुप्रताप शुक्ल; लोकहित प्रकाशन, लखनऊ; 2008; पृ. 55-56

□

बाएँ से दाएँ—श्री पीतांबर दास, श्री ए. रामाराव और पं. दीनदयाल उपाध्याय

राजनीति

राष्ट्रीयता के पोषण के लिए होनी चाहिए राजनीति

"राजनीति के लिए राष्ट्रीयता नहीं, राष्ट्रीयता के पोषण के लिए राजनीति होनी चाहिए। वह राजनीति जो राष्ट्र को क्षीण करे अवांछनीय रहेगी। यही बात सुराज्य और स्वराज्य में भी भेद स्पष्ट करती है। स्वराज्य में यदि कष्ट हो तो भी वह उचित है बजाय उस सुराज्य के जो पराया हो। स्वराज की व्याख्या में तीन बातें प्रमुख रूप से आती हैं। पहली बात तो यह है कि राज्य उन लोगों के द्वारा संचालित हो जो राज्य के अंग हों। दूसरी विशेषता यह है कि ऐसा राज्य राष्ट्र के हित में चलना चाहिए यानी राष्ट्रीय हित में नीतियों का संचालन होना चाहिए। और तीसरी बात यह है कि ऐसे राज्य में राष्ट्र का हित साधने का सामर्थ्य अपना स्वयं का होना चाहिए। यानी स्वावलंबन के बिना स्वराज्य की कल्पना ही गलत है।··· राज्य अपने राष्ट्र के घटकों के हाथ में रहने पर भी यदि आर्थिक अथवा वैदेशिक मामलों में किसी अन्य राष्ट्र का पिछलग्गू बन गया या दबाव में आने लगा तो स्वराज्य निरर्थक हो जाता है। सुरक्षा के मामले में यदि राज्य आत्मनिर्भर नहीं, नीतियों के मामले में स्वतंत्र नहीं और आर्थिक योजना में स्वयं पूर्ण नहीं तो वह राष्ट्र के लिए अहितकर कार्य करने की ओर प्रेरित हो जाता है। ऐसा परावलंबी राज्य विनाश का कारण बनता है।"

—राष्ट्रजीवन की दिशा : दीनदयाल उपाध्याय; सं.-रामशंकर अग्निहोत्री, भानुप्रताप शुक्ल; लोकहित प्रकाशन, लखनऊ; 2008; पृ. 40.41

राजनीतिक दलों के लिए एक दर्शन की आवश्यकता

"भिन्न-भिन्न राजनीतिक दलों को अपने लिए एक दर्शन (सिद्धांत या आदर्श) का क्रमिक विकास करने का प्रयत्न करना चाहिए। उन्हें कुछ स्वार्थों की पूर्ति के लिए एकत्र होनेवाले लोगों का समुच्चय मात्र नहीं बनना चाहिए। उनका रूप किसी व्यापारिक प्रतिष्ठान या ज्वाइंट स्टॉक कंपनी (Joint Stock Company) से अलग होना चाहिए।

पुष्पहार से सम्मानित पं. दीनदयाल उपाध्याय
(कालीकट, 1967)

यह भी आवश्यकता है कि पार्टी का दर्शन केवल पार्टी घोषणा-पत्र के पृष्ठों तक ही सीमित न रह जाए। सदस्यों को उन्हें समझना चाहिए और उन्हें कार्यरूप में परिणत करने के लिए निष्ठापूर्वक जुट जाना चाहिए।''

—पोलिटिकल डायरी; पं. दीनदयाल उपाध्याय; सुरुचि प्रकाशन, नई दिल्ली; 2012; पृ. 188

राजनीति में योग्य व्यक्ति की जरूरत

''सत्ता सामान्यतः भ्रष्ट करती है। कांग्रेस आज सत्ता में है तो उसमें भ्रष्टाचार है। कल जनसंघ सत्ता में आती है तो उसमें भी यह दोष आ सकता है। यदि जनसंघ भ्रष्ट होती है, तो मैं इस संगठन को स्वयं अपने हाथों से समाप्त कर दूँगा एवं नए संगठन का निर्माण करूँगा। जिस प्रकार महर्षि परशुराम ने 21 बार क्षत्रियों को नष्ट किया एवं जब उन्हें भगवान् श्रीराम सदृश्य व्यक्ति मिल गए तो वे वन को प्रस्थान कर गए। ऐसा मैं तब तक करता रहूँगा, जब तक मुझे योग्य व्यक्ति नहीं मिल जाते।''

—पं. दीनदयाल उपाध्याय का एकात्म मानववाद दर्शन; लेखक एवं प्रकाशक— डॉ. विनोद मिश्रा; 2007

जातिवाद और राजनीति

''राजनीतिक दल के जीवन में एक उपचुनाव कोई विशेष महत्त्व नहीं रखता, किंतु एक चुनाव में जीतने के लिए हमने जातिवाद का सहारा लिया, तो वह भूत सदा के लिए हम पर सवार हो जाएगा और फिर कांग्रेस एवं जनसंघ में कोई अंतर नहीं होगा।''

—पं. दीनदयाल उपाध्याय का एकात्म मानववाद दर्शन; लेखक एवं प्रकाशक— डॉ. विनोद मिश्रा; 2007

शुद्ध राजनीतिक चेतना का संरक्षण जरूरी

''सामान्य जन में राजनीतिक चेतना का जागरण इस युग की सबसे बड़ी देन है। यदि इस चेतना को तात्कालिक राजनीति की भूलभुलैयों से बचाकर एक भावात्मक राष्ट्रीय अधिष्ठान पर सृजन का साधन बनाया जाता तो हम और आगे बढ़ गए होते तथा आज की अनेक समस्याओं से मुक्त रहते। हमें इस चेतना को भावात्मक रूप देकर ही नए युग का निर्माण करना है। किंतु देश में ऐसे अनेक लोग हैं जो या तो बीते युग से ही जकड़े हुए हैं या राष्ट्रमानस से अनभिज्ञ अथवा उसके प्रति सहानुभूतिपूर्ण एवं अश्रद्धालु होने के कारण विदेशीपन से प्रभावित एवं व्यामूढ़ हैं। फलतः युग परिवर्तन सहज न

अखबार पढ़ते हुए पं. दीनदयाल उपाध्याय

होकर संघर्षपूर्ण हो गया है। हमें सभी विद्यमान समस्याओं का विश्लेषण इस पार्श्वभूमि में करते हुए देश और काल के अनुसार अपनी नीति निर्धारित करनी होगी।''

—पं. दीनदयाल उपाध्याय : विचार दर्शन, खंड-7, व्यक्ति-दर्शन; विश्वनाथ नारायण देवधर; सुरुचि प्रकाशन, नई दिल्ली; 2014; पृ. 92-93

सैद्धांतिक राजनीति ही सर्वश्रेष्ठ

''सैद्धांतिक दृष्टि से विरोधी तत्त्वों के साथ हाथ मिलाकर कोई भी दल अधिक काल तक न तो शासन कर सकता है न अपनी नीतियों का क्रियान्वयन ही कर सकता है। जहाँ यह बात सच है, वहीं यह भी उतना ही सच है कि कभी-कभी आपद्-धर्म के रूप में, विशिष्ट काल व परिस्थिति में, अपने विरोधियों को भी साथ लेना अनिवार्य हो जाता है। द्वितीय महायुद्ध में इंग्लैंड व अमेरिका का सोवियत रूस से हाथ मिलाना क्या सैद्धांतिक दृष्टि से उचित कहा जाएगा? पर उन परिस्थितियों में मोरचा बनाकर नाजीवाद का सफल सामना किया, इसे भी तो कोई अनुचित नहीं कह सकता।''

—स्मारिका 'समग्र दृष्टि'; पं. दीनदयाल उपाध्याय जन्मभूमि स्मारक समिति, नगला चंद्रभान, मथुरा; 1 जून, 1985; पृ. 16

□

तृतीय श्रेणी में सफर कर पहुँचे कालिकट रेलवे स्टेशन (1967) पर नवनियुक्त अध्यक्ष पं. दीनदयाल उपाध्याय का भव्य स्वागत, साथ में हैं— श्री अटल बिहारी वाजपेयी (पं. दीनदयाल उपाध्याय हमेशा तृतीय श्रेणी में ही यात्रा करते थे)

दलगत राजनीति

अनुशासनबद्ध दल एवं निष्ठावान नेतृत्व की जरूरत

"आज भारत में राजनीतिक दलों में बहुत सी त्रुटियाँ हैं। दल की दृष्टि से देखा जाए, तो कांग्रेस सबसे निचले स्तर का दल है। आज राजनीतिक दलों का संगठन किसी भी लक्ष्य को सामने रखकर नहीं किया जाता। वह एक व्यक्ति या गुट के आधार पर ही खड़ा होता है। केवल आदर्शवाद के होने से भी वह उपयोगी नहीं हो जाता, आदर्शवाद राष्ट्रहित के साथ जुड़ा हुआ होना चाहिए। कम्युनिस्टों के पास आदर्शवाद है, किंतु वह जनतंत्र के मूल पर आघात करनेवाला है। अनुशासनबद्ध दल एवं निष्ठावान नेतृत्व की आज नितांत आवश्यकता है। स्वतंत्र समाचार-पत्र, स्वतंत्र न्याय-प्रणाली और स्वच्छ तथा कार्यकुशल प्रशासन सफल जनतंत्र के लिए आवश्यक है। जनतंत्र में एक से अधिक दल तो होंगे ही, किंतु इन दलों को एक आचार-संहिता का या पंचशील का पालन करना चाहिए। दल-बदल को प्रोत्साहन नहीं देना चाहिए। तभी देश में स्थिर शासन आएगा और अनुत्तरदायी राजनीति नहीं चलेगी।"

—पं. दीनदयाल उपाध्याय, विचार दर्शन, खंड-3, राजनीतिक चिंतन; भालचंद्र कृष्णाजी केलकर; सुरुचि प्रकाशन, नई दिल्ली; 2014; पृ. 78

दल की सफलता सामान्य जन के हित से ही संभव

"हमें देश में शांतिपूर्ण मार्गों से आर्थिक एवं सामाजिक क्रांति करनी है, किंतु उसके लिए आज का पारिवारिक नेतृत्व काम का नहीं, क्योंकि ऐसी क्रांति के फलस्वरूप अपने अपदस्थ हो जाने का भय इस नेतृत्व को लगता है और वह समय के साथ आगे बढ़नेवाले आदर्शवाद के मार्ग से पीछे मुड़ जाता है। इसके अतिरिक्त ये सब नेता एक विशेष आयु के हो चले हैं। वास्तव में यह नई और पुरानी पीढ़ी का संघर्ष है। सच पूछा जाए तो ऐसे संघर्ष से ही प्रगति हुआ करती है। हम यह भलीभाँति जानते हैं कि आज का वृद्ध नेतृत्व क्रांति के लिए अपना समर्थन नहीं देगा। जनसंघ के कार्यकर्ता नए नेतृत्व का निर्माण करने के लिए उत्सुक हैं। जनसंघ इस देश को नया नेतृत्व देना चाहता है, किंतु नेतृत्व का निर्माण करने के पुराने मार्ग अब बदलने होंगे। उसके लिए प्रदर्शनात्मक राजनीति का मार्ग नहीं होगा। अतः गलत मार्ग छोड़कर लक्ष्य प्राप्त करानेवाले सही मार्ग

कालिकट अधिवेशन में जनसंघ अध्यक्ष पं. दीनदयाल उपाध्याय का भव्य स्वागत (1967)

पर हमें आगे बढ़ना होगा। नारेबाजी, जुलूस, जय-जयकार आदि का भी एक नशा हुआ करता है। उसके द्वारा सच्चे राजनीतिक नेता का निर्माण नहीं होता। नेतृत्व को अपने आप उभरने दीजिए, कृत्रिम उपायों से उसे ऊपर उठाना किसी काम का नहीं।

अत: जनतंत्र की सफलता और अपने दल के हित के लिए सामान्य जन को ही हम अपना लक्ष्य बनाएँ। अनाड़ी प्रतीत होनेवाला सामान्य व्यक्ति वास्तव में बुद्धिमान होता है। वह शूरों से भी अधिक शूर होता है। भारतीय जनसंघ ऐसे सामान्य जन का संगठन बने, यह मेरी धारणा है।''

—पं. दीनदयाल उपाध्याय : विचार दर्शन, खंड-3, राजनीतिक चिंतन; भालचंद्र कृष्णाजी केलकर; सुरुचि प्रकाशन, नई दिल्ली; 2014; पृ. 78-79

दलों के बीच स्वस्थ संबंधों की आवश्यकता

''आज एक राजनीतिक दल के दूसरे राजनीतिक दल के साथ संबंध इतने निचले स्तर पर आ गए हैं कि हमारा माथा लज्जा से झुक जाना चाहिए। आज भारत में राजनीतिक दल आपस में लड़ रहे हैं। वे एक-दूसरे को टालने का इतना प्रयास करते हैं कि यही स्थिति रही तो इस समाज में नई जातियाँ पैदा हो जाएँगी। प्रकट रूप से सभी राजनीतिक दल सांप्रदायिकता की निंदा करते हैं, किंतु सांप्रदायिकता का राजनीतिक रूप में वे पोषण ही करते रहते हैं। सामाजिक अस्पृश्यता निश्चय ही एक कुप्रथा है, किंतु राजनीतिक अस्पृश्यता उससे भी महाभयानक है।''

—पं. दीनदयाल उपाध्याय : विचार दर्शन, खंड-3, राजनीतिक चिंतन, भालचंद्र कृष्णाजी केलकर; सुरुचि प्रकाशन, नई दिल्ली, 2014, पृ. 78

लोग ही राजनीतिक दलों के शिल्पी होते हैं

''आप यदि लोकतंत्रवादी हैं तो अपनी विवेकबुद्धि के आदेशों के अनुसार आचरण कीजिए, अन्य कोई भी प्रमाण स्वीकार न कीजिए। राजनीतिक दल जनता के प्रतिनिधि के रूप में निर्मित किए जाते हैं। लोकशक्ति ही उनका आधार है। इन दलों को सामर्थ्य लोगों से ही प्राप्त होता है। लोग ही राजनीतिक दलों के शिल्पी होते हैं और अपने राजनीतिक भविष्य का निर्माण किया करते हैं। अत: राजनीतिक दल केवल सत्ता के प्यासे लोगों का जमघट नहीं हुआ करता। वह ध्येयवादी, समर्पित एवं विशिष्ट विचारधारा के लिए प्रयत्नशील रहनेवाले लोगों का सांघिक अस्तित्व एवं अनुशासनबद्ध संगठन हुआ करता है।''

—पं. दीनदयाल उपाध्याय : विचार दर्शन, खंड-3, राजनीतिक चिंतन; भालचंद्र कृष्णाजी केलकर; सुरुचि प्रकाशन, नई दिल्ली; 2014; पृ. 156

□

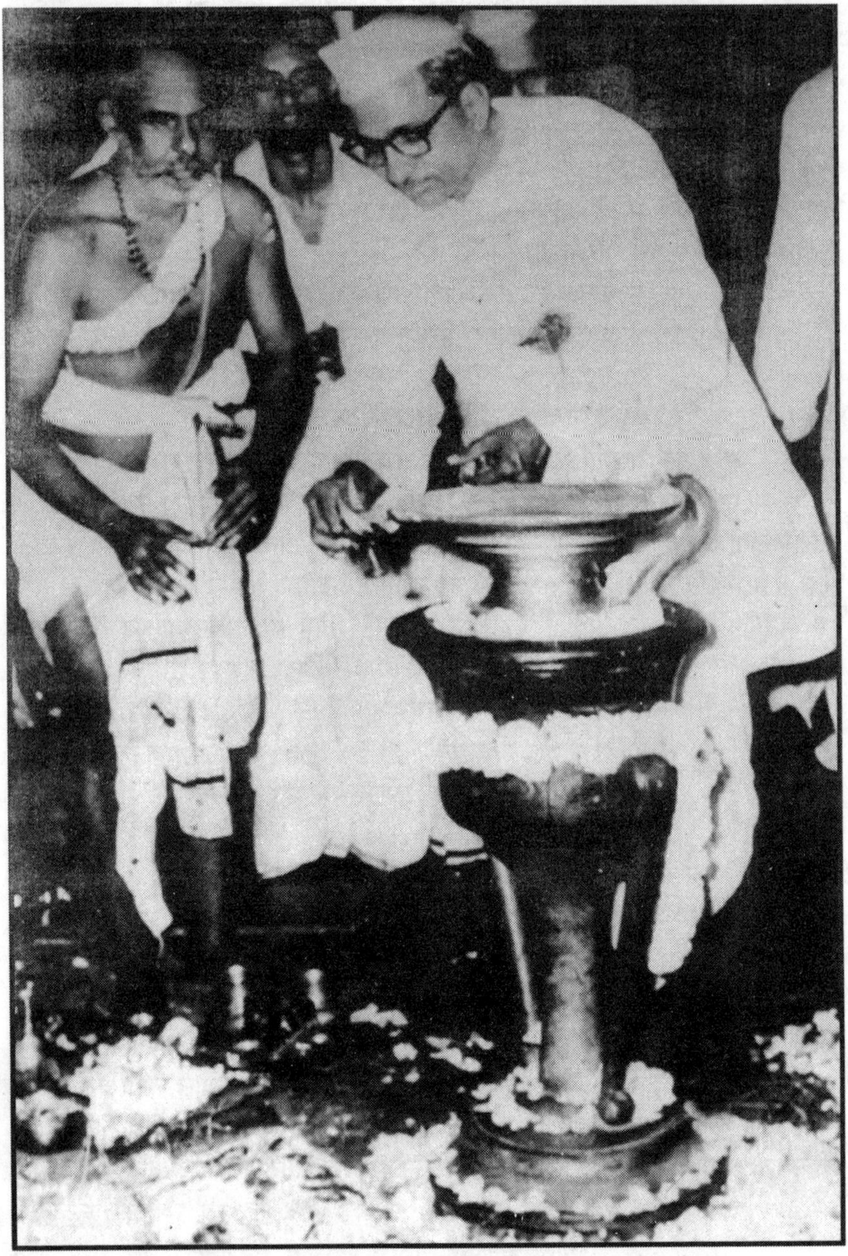

कालिकट अधिवेशन में विशाल दीप प्रज्वलित करते हुए पं. दीनदयाल उपाध्याय (1967)

कश्मीर मामला

कश्मीर भारत का अभिन्न अंग है

"अब समय आ गया है कि इन शांति और न्याय के स्वयंभू संरक्षकों को, पाकिस्तान को तथा अन्य दूसरी शक्तियों को, जो उस प्रश्न पर दखल देती हैं, हमें बता देना होगा कि कश्मीर भारत की सार्वभौम सत्ता का अविभाज्य अंग है तथा उसके बारे में कोई समझौता नहीं हो सकता। यदि संयुक्त राष्ट्रसंघ अथवा उसकी कोई भी एजेंसी इस विषय में दखल दे तो हमें उसे भी अस्वीकार कर देना चाहिए।"

—पं. दीनदयाल उपाध्याय : विचार दर्शन, खंड-7, व्यक्ति-दर्शन; विश्वनाथ नारायण देवधर; सुरुचि प्रकाशन, नई दिल्ली; 2014; पृ. 109

अनुच्छेद 370 : एक अपवादजनक प्रावधान है

"कुछ लोग कश्मीर को शेष भारत के अन्य प्रांतों के मुकाबले अधिक स्वायत्तता की वकालत करते हैं, यह विचार पृथकवादी तथा भारत की राष्ट्रीय एवं संवैधानिक मान्यताओं के खिलाफ है। हम असंदिग्ध रूप से स्पष्ट कर देना चाहते हैं कि भारतीय जनसंघ और देश की जनता ऐसे किसी भी कदम को बरदाश्त नहीं करेगी जिसमें भारत के साथ कश्मीर के पूर्ण एकीकरण की प्रक्रिया को उलटा जाए। यद्यपि संविधान का अनुच्छेद 370 हमारी अपनी व्यवस्था है तथा उसके कारण कश्मीर की भारत संघ के अटूट अंग होने के विषय में किसी भी प्रकार की अनश्चितता नहीं पैदा होती फिर भी वह एक अपवादजनक प्रावधान है, उसे समाप्त कर देना चाहिए। उसका अब व्यावहारिक कोई महत्त्व नहीं बचा है, किंतु उसकी समाप्ति का मनोवैज्ञानिक दृष्टि से बहुत लाभ होगा। कश्मीर के बारे में जो तरह-तरह की अटकलबाजियाँ लगाई जाती हैं, वे सब बंद हो जाएँगी।"

—पं. दीनदयाल उपाध्याय : विचार दर्शन, खंड-7, व्यक्ति-दर्शन; विश्वनाथ नारायण देवधर; सुरुचि प्रकाशन, नई दिल्ली; 2014; पृ. 109

एक कार्यकर्ता सम्मेलन में मंच पर जाते हुए पं. दीनदयाल उपाध्याय और श्री बलराज मधोक

कश्मीर पर स्थिति स्पष्ट हो

"जहाँ तक भारत का संबंध है, कश्मीर के बारे में उसे पाकिस्तान के साथ केवल इसी प्रश्न पर विचार करना है कि भारतीय भूखंड के उस भाग से वह कब और किस प्रकार हटनेवाला है, उसके भारत के साथ संलग्न रहने का प्रश्न काफी पहले और अंतिम रूप से हल हो चुका है। हम उसे फिर से नहीं उघाड़ सकते यदि पाकिस्तान विलय पत्र पर महाराज के हस्ताक्षर के अधिकार पर या जम्मू और कश्मीर राज्य की संविधान सभा द्वारा उसकी पुष्टि के अधिकार पर आपत्ति करना चाहता है। तो ठीक उसी तरह हम पाकिस्तान के एक अलग इकाई के रूप में रहने के अधिकार पर ही एतराज कर सकते हैं।"

—लेख 'क्या कश्मीर पर समझौता हितकर होगा?' पोलिटिकल डायरी; पं. दीनदयाल उपाध्याय; सुरुचि प्रकाशन, नई दिल्ली; 2012; पृ. 73, 78

शत्रु द्वारा व्याप्त प्रदेश

"कश्मीर के पाक व्याप्त प्रदेश के बारे में स्वतंत्र दल ने चुप्पी साधी है। प्रजा समाजवादी दल ने विदेश नीति के भाग के रूप में उसका उल्लेख किया है। कम्युनिस्ट दल ने शत्रु-व्याप्त कश्मीर को मुक्त करना चाहिए तो कहा है, किंतु चीन द्वारा दबाए गए भारतीय प्रदेश के बारे में सौम्य भाषा का प्रयोग किया है। कांग्रेस ने केवल आशा व्यक्त की है कि शत्रु-व्याप्त प्रदेश को मुक्त किया जाएगा। भारतीय जनसंघ का मत इस विषय में बिलकुल स्पष्ट, निर्णायक और असंदिग्ध है। पाकिस्तान तथा चीन दोनों ने जो भारतीय प्रदेश हथिया लिये हैं उनको मुक्त करने की माँग जनसंघ ने की है। भारतीय जनसंघ इस मुक्ति के लिए वचनबद्ध है।"

—पं. दीनदयाल उपाध्याय : विचार दर्शन, खंड-3, राजनीतिक चिंतन; भालचंद्र कृष्णाजी केलकर; सुरुचि प्रकाशन, नई दिल्ली; 2014; पृ. 113

□

कालिकट में जनसंघ अधिवेशन को संबोधित करते हुए पं. दीनदयाल उपाध्याय (1967)

जनसंघ की विचारधारा

जनसंघ : एक ऐतिहासिक आवश्यकता

"विश्व का ज्ञान हमारी थाती है। मानव-जाति का अनुभव हमारी संपत्ति है। विज्ञान किसी देश-विशेष की बपौती नहीं, वह हमारे भी अभ्युदय का साधन बनेगा, किंतु भारत हमारी रंगभूमि है, भारत की कोटि-कोटि जनता पात्र ही नहीं प्रेक्षक भी है, जिसके रंजन एवं आत्मसुख के लिए हमें सभी भूमिकाओं का निर्धारण करना है। विश्व-प्रगति के हम केवल द्रष्टा ही नहीं अपितु साधक भी हैं। अतः जहाँ एक ओर हमारी दृष्टि विश्व की उपलब्धियों पर हो, वहीं दूसरी ओर हम अपने राष्ट्र की मूल प्रकृति, प्रतिभा एवं प्रवृत्ति को पहचान कर अपनी परंपरा और परिस्थिति के अनुरूप भविष्य के विकासक्रम का निर्धारण करने की अनिवार्यता को भी न भूलें। 'स्व' के साक्षात्कार के बिना न तो स्वतंत्रता सार्थक हो सकती है और न वह कर्मचेतना ही जाग्रत् हो सकती है, जिसमें परावलंबन और पराभूति का भाव न होकर स्वाधीनता, स्वेच्छा और स्वानुभवजनित सुख हो। अज्ञान, अभाव तथा अन्याय की परिसमाप्ति और सुदृढ़, सुसंस्कृत एवं सुखी राष्ट्र-जीवन का शुभारंभ सबके द्वारा स्वेच्छा से किए जानेवाले कठोर श्रम तथा सहयोग पर निर्भर है। यह महान् कार्य राष्ट्र-जीवन के प्रत्येक क्षेत्र में एक नए नेतृत्व की अपेक्षा रखता है। भारतीय जनसंघ का जन्म इसी अपेक्षा को पूर्ण करने के लिए हुआ है।"

—पं. दीनदयाल उपाध्याय : विचार दर्शन, खंड-7, व्यक्ति-दर्शन; विश्वनाथ नारायण देवधर; सुरुचि प्रकाशन, नई दिल्ली; 2014; पृ. 73

जनसंघ का राष्ट्रीय विचार

"आज का विरोधी कल हमारा मतदाता बने। कल का मतदाता परसों हमारा सदस्य और परसों का सदस्य हमारा सक्रिय कार्यकर्ता बने।"

—पं. दीनदयाल उपाध्याय : विचार दर्शन, खंड-3, राजनीतिक चिंतन; भालचंद्र कृष्णाजी केलकर; सुरुचि प्रकाशन, नई दिल्ली; 2014; पृ. 80

कोयना (महाराष्ट्रा) भूकंप पीड़ितों की सहायता हेतु अपील करते हुए पं. दीनदयाल उपाध्याय
(दिसंबर, 1967)

भारतीय जनसंघ का उद्देश्य

"भारतीय जनसंघ का उद्देश्य भारत को उसकी संस्कृति और मर्यादा के आधार पर एक राजनीतिक, सामाजिक एवं आर्थिक जनतंत्र बनाना है, जिसमें व्यक्ति को समान अवसर और स्वतंत्रता प्राप्त हो तथा जो भारत को सुदृढ़ एवं सुसंपन्न बनाते हुए उसे एक प्रगतिशील, आधुनिक और जागरूक राष्ट्र बनाए, जो दूसरों के आक्रमण का सफलतापूर्वक सामना कर सके और विश्वशांति के स्थापनार्थ राष्ट्र-संघ में समुचित रीति से प्रभाव डाल सके।"

—पं. दीनदयाल उपाध्याय : विचार दर्शन, खंड-7, व्यक्ति-दर्शन; विश्वनाथ नारायण देवधर; सुरुचि प्रकाशन, नई दिल्ली; 2014; पृ. 74

जनसंघ की दृष्टि मात्र कुरसी पाना नहीं

"हमें यह दिखा देना है कि जनसंघ अन्य दलों से भिन्न है। सत्ता के लिए सिद्धांतों को तिलांजलि दे देनेवाले दलों की हमारे देश में कोई कमी नहीं है। हम भी सत्ता अवश्य चाहते हैं और हम उसे प्राप्त करेंगे भी, किंतु हमारी दृष्टि कुरसी से परे भी है, हम उस दृष्टि को कभी हटने नहीं देंगे और अपना ध्येय छोड़ेंगे नहीं।"

—पं. दीनदयाल उपाध्याय : विचार दर्शन, खंड-3, राजनीतिक चिंतन; भालचंद्र कृष्णाजी केलकर; सुरुचि प्रकाशन, नई दिल्ली; 2014; पृ.-85

जनसंघ की लोकतंत्र में श्रद्धा

"राष्ट्रवाद एवं लोकतंत्र पर ही जनसंघ की श्रद्धा होने के कारण एक प्रकार से राजनीति में ध्रुवीकरण का प्रारंभ भारत में हो गया है। इसी प्रक्रिया को हमें पूरे उत्साह के साथ आगे चलाना चाहिए।"

—पं. दीनदयाल उपाध्याय : विचार दर्शन, खंड-3, राजनीतिक चिंतन; भालचंद्र कृष्णाजी केलकर; सुरुचि प्रकाशन, नई दिल्ली; 2014; पृ. 110

जनसंघ अनुशासन के प्रति वचनबद्ध

"केवल मतों के लिए हम कांग्रेस जैसी सौदेबाजी नहीं करेंगे। कांग्रेस ने अपने राजनीतिक स्वार्थ के लिए हिंदू मुसलमानों में भेदभाव को बढ़ाया है। हम लोग निश्चय ही संप्रदायवादी नहीं हैं। कांग्रेस संप्रदायवादी है। गैर-हिंदुओं से, वे राष्ट्रनिष्ठ हों तो हमारा कोई मतभेद नहीं। हमें चाहिए कि मुसलमानों में राष्ट्रीय भावना को बढ़ाएँ। उनके साथ मैत्री करें। किंतु केवल मतों के लिए हम ऐसा नहीं करेंगे। कुछ भी हो जाए, अपना अनुशासन हम नहीं छोड़ेंगे। 'राजनीति में सबकुछ चलता है'—इस धारणा को

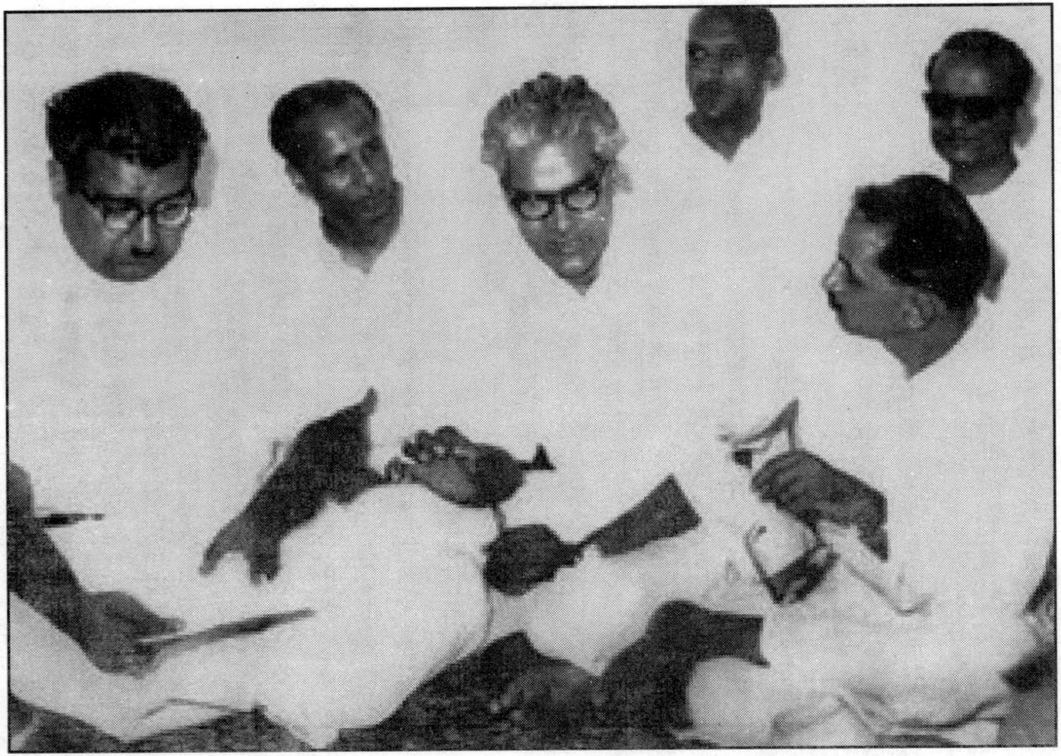

एक विशेष बैठक में मंत्रणा करते हुए (प्रथम पंक्ति में बाएँ से दाएँ) श्री जगन्नाथ राव जोशी, श्री भैरोसिंह शेखावत और पं. दीनदयाल उपाध्याय (1967)

गलत सिद्ध करने के लिए ही जनसंघ राजनीति में आया है।"

— पं. दीनदयाल उपाध्याय : विचार दर्शन, खंड-3, राजनीतिक चिंतन; भालचंद्र कृष्णाजी केलकर; सुरुचि प्रकाशन, नई दिल्ली; 2014; पृ. 150

जनसंघ का सैद्धांतिक पक्ष

"आज वास्तविक संघर्ष राष्ट्रवाद एवं कम्युनिज्म की ध्येय-प्रणालियों में है। चीनी आक्रमण के बाद कम्युनिस्टों की कलई खुल गई है। और अब वे वेश बदलकर कांग्रेस में घुस रहे हैं। ये कांग्रेस वाले भी उनका स्वागत कर रहे हैं। आज की कांग्रेस मेनन और मालवीय की है। राष्ट्र एवं लोकतंत्र को जीवित रखना है तो कांग्रेस और कम्युनिस्ट दोनों के विरुद्ध खड़ा होना पड़ेगा। इसलिए सभी देशभक्तों को जनसंघ आह्वान करता है।...जनसंघ केवल सत्ता के लिए नहीं, सिद्धांत के लिए लड़ रहा है। लोगों को इस सिद्धांत तथा निश्चित नीति के चारों ओर अनुशासनबद्ध रीति से संगठित करने में ही लोकतंत्र की सफलता है।"

— पं. दीनदयाल उपाध्याय : विचार दर्शन, खंड-3, राजनीतिक चिंतन; भालचंद्र कृष्णाजी केलकर; सुरुचि प्रकाशन, नई दिल्ली; 2014; पृ. 108

□

भारतीय जनसंघ के लखनऊ अधिवेशन (30 दिसंबर, 1960—1 जनवरी, 1961) के दौरान भारतीय जनसंघ के तत्कालीन अध्यक्ष श्री पीतांबर दास (सबसे दाएँ) और पं. दीनदयाल उपाध्याय (दाएँ से दूसरे) अन्य कार्यकर्ताओं के साथ

शिक्षा

बिना शिक्षा के समाज संभव नहीं

"शिक्षा का संबंध जितना व्यक्ति से है, उससे अधिक समाज से है। हम ऐसे मानव की कल्पना कर सकते हैं, जिसे किसी भी प्रकार की शिक्षा न मिली हो और जो अपनी सहज प्रवृत्तियों के सहारे ही जीवनयापन करता हो, किंतु बिना शिक्षा के समाज संभव नहीं। यदि 'शिक्षा' न हो तो 'समाज' का जन्म ही न हो। अतः शिक्षा के प्रश्न को मूलतः सामाजिक दृष्टिकोण से ही देखना होगा। शास्त्रों के अनुसार यह ऋषि-ऋण है, जिसे चुकाना प्रत्येक का कर्तव्य है।"

—राष्ट्र चिंतन; पं. दीनदयाल उपाध्याय; लोकहित प्रकाशन, लखनऊ; 2007, पृ. 83

शिक्षा का सर्वसामान्य साधन—अध्यापन

"अध्यापन शिक्षा का सर्वसामान्य साधन है। साधारणतया अक्षर-ज्ञान तथा पाठ्य-पुस्तकों अथवा तत्संबंधी पाठ्यक्रम का अध्यापन ही इस क्षेत्र के अंतर्गत समझा जाता है, किंतु वास्तव में यह क्षेत्र भी बहुत विस्तीर्ण है। मानव के ज्ञान का बहुत ही थोड़ा अंश भाषा के द्वारा व्यक्त किया जा सकता है और उसमें से भी एक अंश-मात्र लिपिबद्ध है। अतः लिपि-ज्ञान अथवा भाषा ज्ञान से शिक्षा का पूर्ण उद्देश्य सिद्ध नहीं होता। अध्यापन के अंतर्गत वे सब क्रियाएँ आती हैं, जिनके द्वारा कोई भी व्यक्ति या व्यक्ति समूह अपने पास के ज्ञान को दूसरे को देने का चेतनापूर्वक प्रयास करता हो। यह प्रयास पाठशालाओं और विश्वविद्यालयों में ही नहीं, घर-घर में तथा खेत-खलिहान, कारखानों, दुकानों, कलाभवनों, खेल के मैदानों और मल्लशालाओं में भी चलता रहता है।"

—राष्ट्र चिंतन; पं. दीनदयाल उपाध्याय; लोकहित प्रकाशन, लखनऊ; 2007, पृ. 85-86

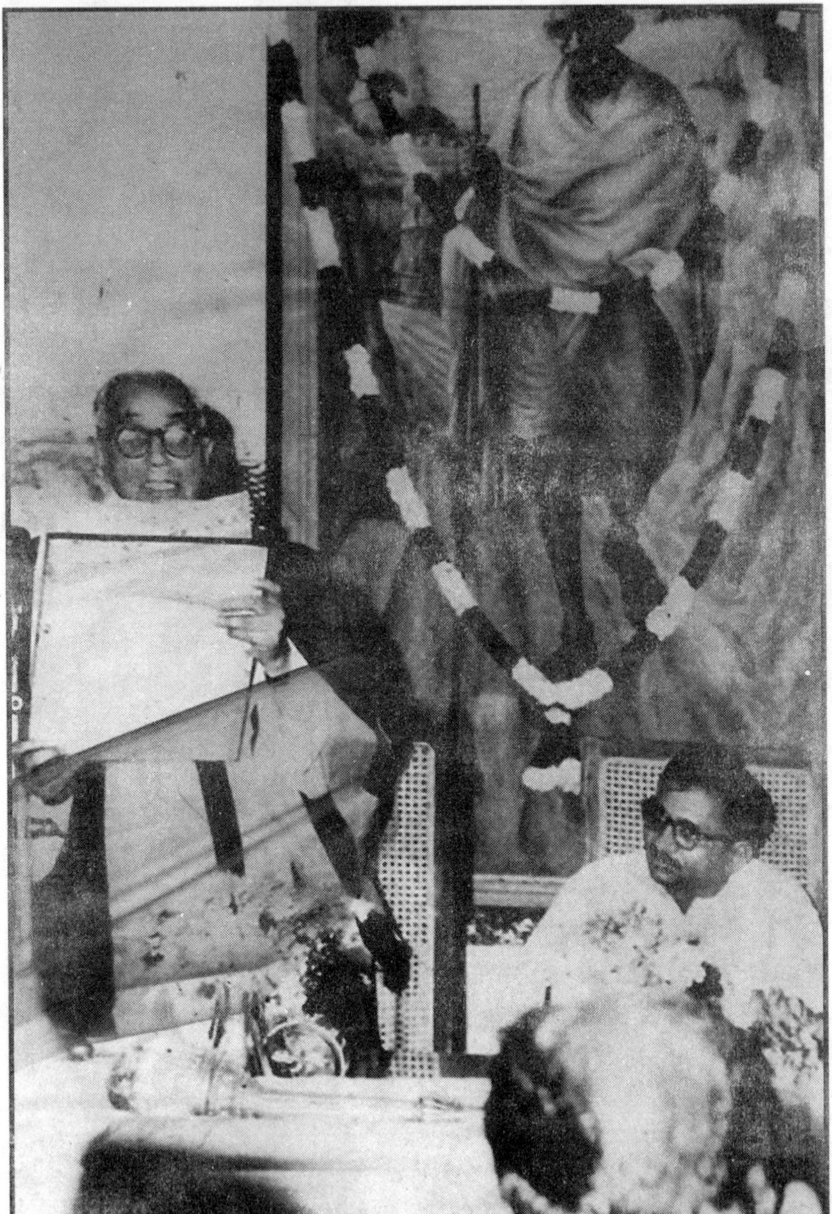

कानपुर महानगर द्वारा पं. दीनदयाल उपाध्याय का सम्मान

शिक्षा-समाज का दायित्व

"बच्चे को शिक्षा देना समाज के अपने ही हित में है। जन्म से मानव पशुवत पैदा होता है। शिक्षा और संस्कार से वह समाज का अभिन्न घटक बनता है। जो काम समाज के अपने हित में हो, उसके लिए शुल्क लिया जाए तो उलटी बात है। कल्पना करें कि कल को शिक्षा शुल्क का बहिष्कार करके अथवा उसे देने में असमर्थ होने के कारण पढ़ना बंद कर दें। क्या समाज इस स्थिति को सहन करेगा? पेड़ लगाने और सींचने के लिए हम पेड़ से पैसा नहीं लेते। हम तो अपनी ओर से पूँजी लगाते हैं और जानते हैं कि पेड़ के फलने पर हमें फल मिलेंगे ही। शिक्षा भी इसी प्रकार का विनियोजन है। व्यक्ति शिक्षित होने पर समाज के लिए काम करेगा ही, किंतु जो व्यवस्था बचपन से ही हमें व्यक्तिवादी बनाती हो, उनमें समाज की अवहेलना करनेवाले निकलें तो आश्चर्य ही क्या? भारत में 1947 से पूर्व देशी राज्यों में कहीं भी शिक्षा का शुल्क नहीं लिया जाता था। उच्चतम श्रेणी तक शिक्षा निःशुल्क थी। गुरुकुलों में तो भोजन व रहने की व्यवस्था भी आश्रम में होती थी। केवल भिक्षा माँगने के लिए ब्रह्मचारी समाज में आता था। कोई भी गृहस्थ ब्रह्मचारी को खाली नहीं लौटाता था, अर्थात् समाज द्वारा शिक्षा की व्यवस्था की जाती थी।"

—एकात्म मानववाद; दीनदयाल उपाध्याय; प्रकाशक— भारतीय जनता पार्टी, नई दिल्ली; 2012; पृ. 57-58

संस्कार

"मनुष्य अनजाने ही अपने चारों ओर के समाज से संस्कार ग्रहण करता रहता है। उसमें समाज का प्रत्येक व्यक्ति 'शिक्षक' का काम करता है। 'संस्कार' यद्यपि दोनों ओर से चलनेवाली प्रक्रिया है, तथापि मानस की अनुकरण (Imitation), संवेदना (Sympathy) एवं सूचनात्मक (Suggestion) प्रवृत्तियों के नियम के अनुसार समर्थकर्ता की क्रियाएँ ही प्रभावकारी होती हैं। स्वभावतः पिछली पीढ़ी के आचार-विचारों का संस्कार नई पीढ़ी पर पड़ता है। माता-पिता, परिजन, पुरजन, गुरुजन, अग्रपाठी, सहपाठी, समाज के नेता और अधिष्ठाता—ये सभी विभिन्न प्रकार से निरंतर संस्कार डालते रहते हैं।"

—राष्ट्र चिंतन; पं. दीनदयाल उपाध्याय; लोकहित प्रकाशन, लखनऊ; 2007, पृ. 85

स्वाध्याय

"स्वाध्याय मनुष्य का स्वयं का अध्यापन है। लिपि-ज्ञान स्वाध्याय के लिए बहुत आवश्यक है। पठन, मनन और चिंतन के सहारे मनुष्य ज्ञान को आत्मगम्य करता है।

पं. दीनदयाल उपाध्याय और श्री अटल बिहारी वाजपेयी

बिना स्वाध्याय के न तो प्राप्त ज्ञान टिकता है और न बढ़ता है। स्वाध्याय के बिना ज्ञान को जीवन का अंग बनाकर 'तेजस्वी' बनाने का तो प्रश्न ही नहीं। अतः 'स्वाध्यायान्मा प्रमद'—यह कुलपति का स्नातक को दीक्षांत के अवसर पर आदेश रहता था। पुस्तकालय आदि की व्यवस्था स्वाध्याय के लिए आवश्यक है।''

—राष्ट्र चिंतन; पं. दीनदयाल उपाध्याय; लोकहित प्रकाशन, लखनऊ; 2007, पृ. 85-86

शिक्षा का माध्यम स्वभाषा ही हो

''शिक्षा का माध्यम स्वभाषा ही हो सकती है। भाषा केवल अभिव्यक्ति का माध्यम ही नहीं, वह स्वयं ही एक अभिव्यक्ति है। भाषा के एक-एक शब्द, वाक्य-रचना, मुहावरों आदि के पीछे समाज के जीवन की अनुभूतियाँ, राष्ट्र की घटनाओं का इतिहास छिपा हुआ है। फिर स्वभाषा व्यक्ति को अलग-अलग प्रकोष्ठों में नहीं बाँटती।''

—राष्ट्र चिंतन; पं. दीनदयाल उपाध्याय; लोकहित प्रकाशन, लखनऊ; 2007, पृ. 86

□

संसद् भवन में सरकार के खिलाफ प्रदर्शन के दौरान कार्यकर्ताओं को संबोधित करते हुए (बाएँ से दाएँ) तत्कालीन निर्दलीय सांसद श्री बाबू राम नारायण सिंह (हजारीबाग-पश्चिम, बिहार), पं. दीनदयाल उपाध्याय और जनसंघ के तत्कालीन सांसद श्री उमाशंकर मुल्जीभाई त्रिवेदी (चित्तौड़, राजस्थान) -1955

मशीन और मनुष्य

मशीन और मनुष्य में समन्वय की आवश्यकता

''मशीन मनुष्य की सुविधा के लिए है, उसका स्थान लेने के लिए नहीं। मनुष्य मशीन का निर्माता है, उसका स्वामी है, उसका गुलाम नहीं। उत्पादन के साधन की दृष्टि से उसका उपयोग अवश्य है, किंतु वह मनुष्य को खाकर नहीं उसे खिलाकर होना चाहिए। इस दृष्टि से मनुष्य श्रम और मशीन में एक समन्वय चाहिए, जो प्रत्येक समाज धीरे-धीरे करता जाता है। ज्यों-ज्यों उद्योगों की अवस्था में उन्नति होती जाती है, उनको बाजार मिलता जाता है, मनुष्य स्वयं मशीनों का सहारा लेता है, किंतु जब यही अस्वाभाविक रूप से किया जाता है तो हानि होती है। अत: भारत में कुटीर और ग्रामोद्योग ही हमारे केंद्र हो सकते हैं। बड़े-बड़े उद्योग इन उद्योगों के हित में जहाँ चलाना आवश्यक हों, चलाए जाएँ, किंतु इनके प्रति स्वार्थी बनकर नहीं।''

—लेख 'सबको काम ही भारतीय अर्थनीति का एकमेव मूलाधार';
दीनदयाल उपाध्याय, पाञ्चजन्य, 31 अगस्त, 1953

मशीन का प्रभुत्व

''मशीन पूँजी का अत्यंत महत्त्वपूर्ण स्वरूप है। मानव के श्रम को सुखकर बनाने तथा उसकी उत्पादकता एवं क्षमता को बढ़ाने के लिए ही यंत्र का आविष्कार हुआ है। यंत्र मानव का सहायक है, मानव का प्रतिस्पर्द्धी नहीं, किंतु जहाँ मानव श्रम को एक विनिमय की वस्तु समझकर उसका मूल्यांकन रुपयों में होने लगा, वहाँ मशीन मानव की प्रतिस्पर्द्धी बन गई। यह पूँजीवादी दृष्टिकोण का दुर्गुण है। यदि मशीन मानव का स्थान लेकर उसे भूखा मारे, तो वह उन उद्देश्यों के विपरीत होता जिनकी सिद्धि के लिए यंत्र का आविष्कार हुआ। जड़ मशीन इसके लिए दोषी नहीं। यह बुराई उस अर्थव्यवस्था की है जिसमें विवेक लुप्त हो जाता है। हमें मशीन की मर्यादाओं का विचार करके ही उसकी उपयुक्तता का निर्धारण करना होगा। इस दृष्टि से पश्चिम की उन मशीनों का जो वहाँ जनसंख्या की कमी के आधार पर बनी हैं, बिना विचारे आयात करना भारी भूल

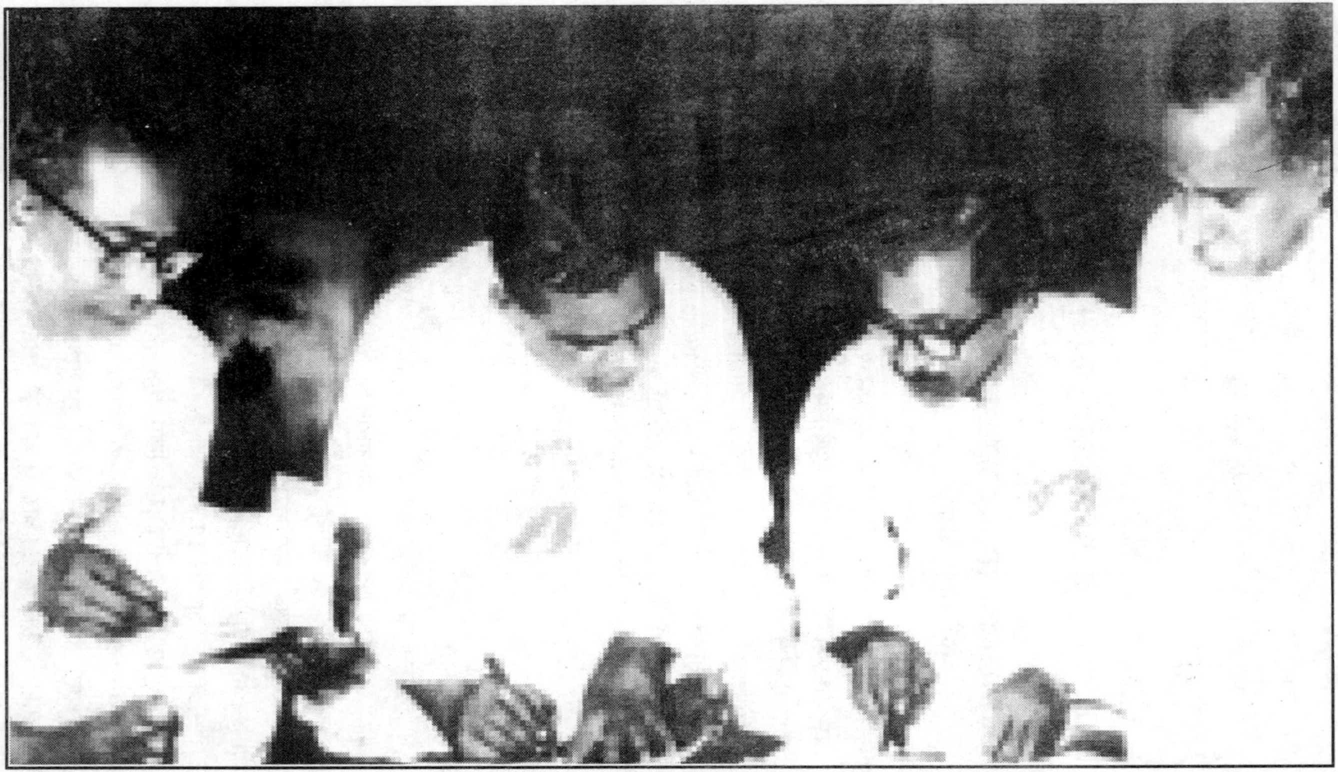

नागलराम में आयोजित जनसंघ अधिवेशन (1967) के दौरान पं. दीनदयाल उपाध्याय को गौर से सुनते हुए श्री अटल बिहारी वाजपेयी एवं अन्य

होगी। मशीन देशकाल परिस्थिति निरपेक्ष नहीं, सापेक्ष है। विज्ञान की आधुनिकतम प्रगति की वह उपज है, किंतु प्रतिनिधि नहीं। ज्ञान किसी देश-विदेश की बपौती नहीं, किंतु उसका प्रयोग प्रत्येक देश अपनी परिस्थितियों और आवश्यकताओं के अनुसार करता है। हमारी मशीन हमारी आर्थिक आवश्यकताओं के अनुकूल ही चाहिए। यह हमारे सांस्कृतिक एवं राजनीतिक जीवन मूल्यों की पोषक नहीं तो कम-से-कम अविरोधी अवश्य होनी चाहिए।''

—एकात्म मानववाद; दीनदयाल उपाध्याय; प्रकाशक— भारतीय जनता पार्टी, नई दिल्ली; 2012; पृ. 59-60

यंत्रों की दासता

''हमें मनुष्यत्व का संरक्षण करना हो तो उसे सबसे पहले यंत्र की दासता से मुक्त कराना होगा। आज मनुष्य यंत्रों पर शासन नहीं कर रहा, यंत्र उस पर शासन कर रहे हैं। यंत्र के इस मोह के पीछे पड़ जाने के कारण मनुष्य अपनी आवश्यकताओं को अधिकतम बढ़ाने तथा तृप्त करने के लिए दौड़-धूप करता है। इसीलिए संपूर्ण मानव-जीवन का विचार करते समय हमें उत्पादन, वितरण तथा उपभोग, तीनों का एकत्रित विचार करना होगा। उत्पादन तथा उपभोग दोनों को, सार्थक जीवन जीते हुए प्राप्त कर सकें, ऐसी अर्थव्यवस्था हमें विकसित करनी होगी।''

—पं. दीनदयाल उपाध्याय : विचार दर्शन, खंड-3, राजनीतिक चिंतन; भालचंद्र कृष्णाजी केलकर; सुरुचि प्रकाशन, नई दिल्ली; 2014; पृ.-69

□

सम्मेलन को संबोधित करते हुए पं. दीनदयाल उपाध्याय

विकेंद्रित अर्थव्यवस्था

मनुष्य पुरजा बन गया

"मनुष्यता की व्याख्या कठिन है। अनेक बातें समान होते हुए भी प्रत्येक मनुष्य में कुछ-न-कुछ विशिष्टता है। उसकी विविधताओं का विचार आवश्यक है। भारतीय संस्कृति ने एक विचार किया कि मनुष्य विविधताओं का स्वाभाविक विकास करते हुए भी आंतरिक एकात्मा की अनुभूति करता चले। व्यक्ति की स्वतंत्रता सर्वप्रथम है। जब टाटा-बिरला, व्यक्ति स्वातंत्र्य या मुक्त प्रेरणा की बात करते हैं तो उसका अभिप्राय होता है, उनकी अपनी स्वतंत्रता, उनके कारखानों में गुलाम बने हुए लाखों-करोड़ों मजदूरों की स्वतंत्रता नहीं। हमें तो लाखों-करोड़ों मानवों की स्वतंत्रता का विचार करना है। शक्ति चाहे वह राजनीतिक हो या आर्थिक, केंद्रीकरण से व्यक्ति स्वातंत्र्य समाप्त हो जाता है। पूँजीवाद में धीरे-धीरे मुक्त प्रतियोगिता समाप्त होकर आर्थिक शक्ति पर कुछ व्यक्तियों का एकाधिकार (Monopoly) स्थापित हो जाता है। अमेरिका आदि पूँजीवादी देशों में जो बड़े-बड़े औद्योगिक साम्राज्य (Industrial Empires) बसे हुए हैं, उनकी क्या स्थिति है? आज जितने Anti Trust Laws अमेरिका में बनाने पड़े हैं, उतने कहीं भी नहीं हैं। वहाँ व्यवहार व्यक्तियों के साथ नहीं, फाइलों के साथ होता है। आर्थिक शक्ति को राज्य के हाथों में सौंपनेवाले समाजवाद में भी ऐसा ही होता है। राज्य की नौकरशाही भी यही करती है। परिणाम हो रहा है कि जीवन यंत्रवत् होता जा रहा है। मनुष्य का स्थान फाइलें ले रही हैं। मानवता समाप्त होती जाती है। दोनों व्यवस्थाओं में मनुष्य का विचार होता है तो परिमाणात्मक (Quantitative) आधार पर न कि गुणात्मक (Qualitative) आधार पर।"

—राष्ट्र चिंतन : पं. दीनदयाल उपाध्याय; लोकहित प्रकाशन, लखनऊ; 2007, पृ. 78

मानववाद चाहिए

"जब तक एक-एक व्यक्ति की विशिष्टता-विविधता को ध्यान में रखकर उसके विकास की चिंता नहीं करेंगे तब तक मानवता की सच्ची सेवा नहीं होगी। समाजवाद और पूँजीवाद ने मनुष्य को व्यवस्था के निर्जीव यंत्र का एक पुरजा मात्र बना डाला। एक

आगरा में जनसंघ की एक सभा को संबोधित करते हुए पं. दीनदयाल उपाध्याय

इंग्लैंड प्रवास से लौटने के बाद हवाई अड्डे पर
पं. दीनदयाल उपाध्याय का स्वागत करते हुए कार्यकर्ता (1963)

स्वतंत्र जुलाहे को समाप्त कर उसे विशाल कारखाने का मजदूर बना दिया गया। बजाज के स्थान पर एक विभागीय स्टोर्स बना दिया गया। दर्जी के स्थान पर रेडिमेड कपड़ा लाकर रख दिया गया। मनुष्य यानी एक जंतु, जो आठ घंटे यंत्रवत् मजदूरी करे और 16 घंटे खाए। कार्य और जीवन के बीच एक दीवार खड़ी हो गई। पश्चिम के कई देशों में कहा जाता है, पाँच दिन काम के और दिन छुट्टी के। उन दो दिनों में केवल मस्ती, केवल खाना-पीना और मौज, काम की बात भी नहीं। अर्थात् वे पाँच दिन कमाई करते हैं और दो दिन जीवित रहते हैं। अतः हमें मनुष्य-मनुष्य की कमाई के साधनों का इस प्रकार निर्धारण करना होगा कि उसके कार्य और वास्तविक जीवन के बीच कोई खाई न रहे। हाड़-मांस के मनुष्य, जिसके पास हृदय, मस्तिष्क और शरीर तीनों की भूख है, का ही विचार करना होगा। अन्यथा कार्य के 8 घंटों का जो अमानवीय प्रभाव (Dehumanising Effect) होता है, उसे समाप्त करने में ही उसके शेष 16 घंटे व्यतीत हो जाते हैं, उनके समाप्त होते ही वह पुनः 8 घंटों के चक्र में फँस जाता है।''

—राष्ट्र चिंतन : पं. दीनदयाल उपाध्याय; लोकहित प्रकाशन, लखनऊ; 2007, पृ. 79

विकेंद्रित अर्थव्यवस्था

''स्वयंसेवी क्षेत्र (Self Employed Sector) जितना बड़ा होगा उतना ही मनुष्य आगे बढ़ सकेगा, मनुष्यता का विकास हो सकेगा, एक मनुष्य दूसरे मनुष्य का विचार कर सकेगा। प्रत्येक मनुष्य की व्यक्तिशः आवश्यकताओं और विशेषताओं का विचार करके उसे काम देने पर उसके गुणों का विकास हो सकता है। यह विकेंद्रित अर्थव्यवस्था भारत ही संसार को दे सकता है।...आर्थिक क्षेत्र में स्वतंत्रता समाप्त हुई तो राजनीतिक क्षेत्र में भी समाप्त हो जाती है। समाजवाद और प्रजातंत्र साथ-साथ नहीं चल सकते। सच्चे प्रजातंत्र का आधार आर्थिक विकेंद्रीकरण ही हो सकता है। अतः सिद्धांततः हमें छोटे-छोटे उद्योगों को ही अपनाना चाहिए।''

—राष्ट्र चिंतन : पं. दीनदयाल उपाध्याय; लोकहित प्रकाशन, लखनऊ; 2007, पृ. 80

छोटे-छोटे कुटीर उद्योग से होगी देश की प्रगति

''यदि अधिक आदमियों का उपयोग करनेवाले छोटे-छोटे कुटीर उद्योग अपनाए गए तो कम पूँजी तथा मशीनों की आवश्यकता पड़ेगी, जिससे नौकरशाही का बोझ कम होगा, विदेशी ऋण को भी नहीं लेना पड़ेगा, देश की सच्ची प्रगति होगी तथा प्रजातंत्र की नींव पक्की हो सकेगी।''

—राष्ट्र चिंतन : पं. दीनदयाल उपाध्याय; लोकहित प्रकाशन, लखनऊ; 2007, पृ. 82

□

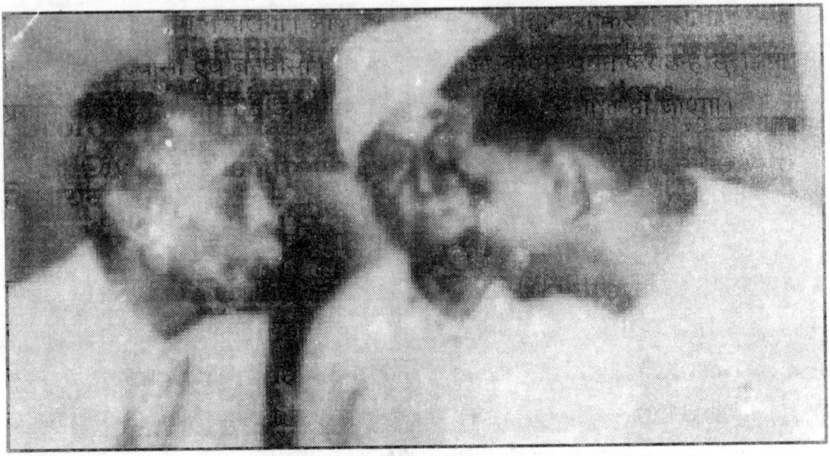

(बाएँ से दाएँ) श्री देवीप्रसाद घोष, पं. प्रेमनाथ डोगरा और पं. दीनदयाल उपाध्याय चर्चा करते हुए

एक कार्यक्रम के दौरान मंच पर (बाएँ से दाएँ) पं. दीनदयाल उपाध्याय, श्री केदारनाथ साहनी तथा श्री अटल बिहारी वाजपेयी

विविध विषय

'स्व' के बिना स्वराज्य कैसा?

"आवश्यकता है कि अपने 'स्व' का विचार किया जाए। बिना उसके स्वराज्य का कोई अर्थ नहीं, स्वतंत्रता हमारे विकास और सुख का साधन नहीं बन सकती। परतंत्रता में समाज का 'स्व' दब जाता है। इसीलिए राष्ट्र स्वराज्य की कामना करते हैं कि जिनमें वे अपनी प्रकृति और गुणधर्म के अनुसार प्रयत्न करते हुए सुख की अनुभूति कर सकें। प्रकृति का उन्नयन कर उसे संस्कृत बनाया जा सकता है, पर उसकी अवहेलना नहीं की जा सकती।"

— एकात्म मानववाद : दीनदयाल उपाध्याय; प्रकाशक : भारतीय जनता पार्टी, नई दिल्ली; 2012; पृ. 9–10

अवमूल्यन

"रुपए के साथ-साथ हमारे देश का भी अवमूल्यन हो गया है। यह मानकर कि यह अर्थव्यवस्था में स्फूर्ति उत्पन्न कर सकता है। उसे भी सहन किया जाए, तब भी भय इस बात का है कि हमें इसकी (अवमूल्यन की) लत पड़ जाएगी।"

(12 जून, 1966 को पं. दीनदयालजी का अवमूल्यन के संदर्भ में ऑर्गनाइजर में प्रकाशित लेख से)

— पं. दीनदयाल उपाध्याय का एकात्म मानववाद दर्शन; लेखक एवं प्रकाशक : डॉ. विनोद मिश्रा, 1994, पृ. 170

लोकतंत्र

"लोकाधिकार की प्रतिष्ठा और लोक-कर्तव्य के निर्वाह का लोकतंत्र एक साधन है। केवल राजनीतिक क्षेत्र में ही नहीं अपितु आर्थिक और सामाजिक क्षेत्रों में लोकतंत्र चाहिए। वास्तव में जनतंत्र अविभाज्य है। किसी भी एक क्षेत्र में लोकतंत्र का अभाव दूसरे क्षेत्र में लोकतंत्र को नहीं पनपने देगा। सहिष्णुता, व्यक्ति की प्रतिष्ठा तथा समष्टि

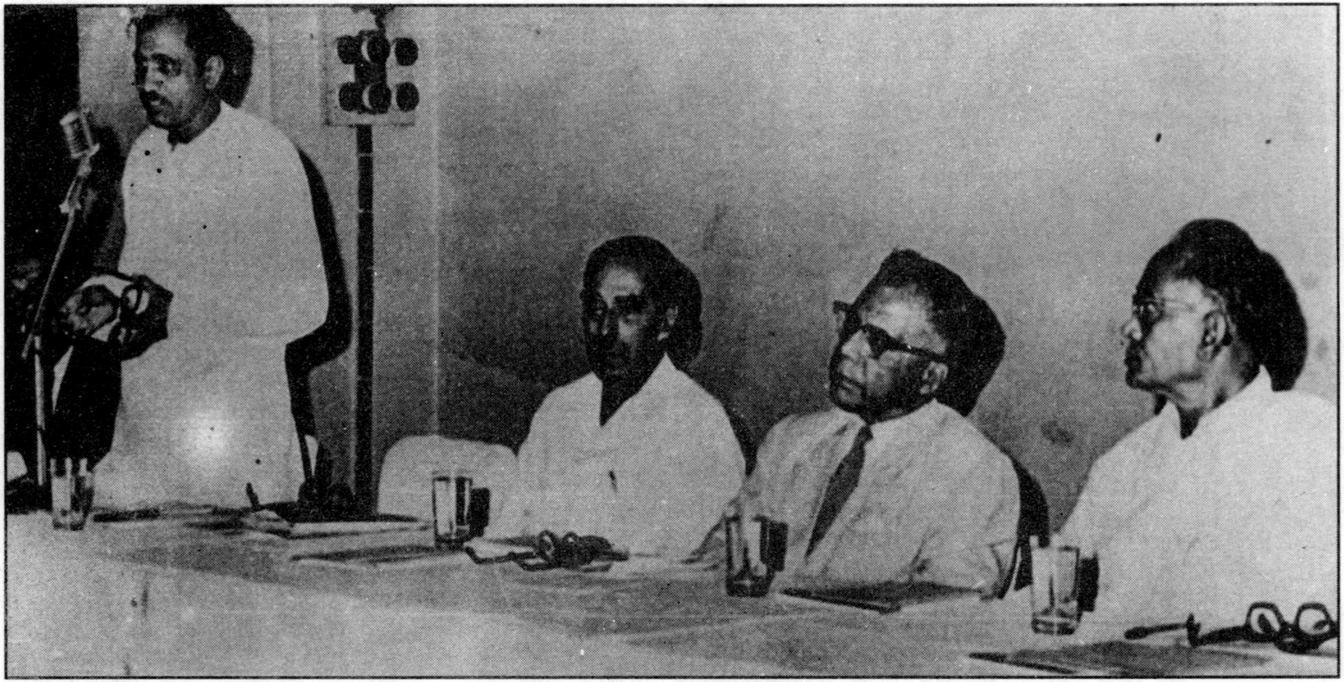

कलकत्ता में उद्योगपतियों को संबोधित करते हुए पं. दीनदयाल उपाध्याय
साथ में हैं, बैठे हुए—श्री जयप्रकास नारायण (सबसे दाएँ), श्री मीनू मसानी (सबसे बाएँ).

के साथ एकात्मता लोकतंत्र के प्राण हैं। बिना इन भावों के लोकतंत्र का बाहरी स्वरूप निष्प्राण एवं जड़ है। यदि चैतन्य विद्यमान है तो देश-काल-परिस्थिति लोकतंत्र का प्रमुख लक्षण है। आर्थिक लोकतंत्र के लिए व्यवसाय और उपभोग की स्वतंत्रता आवश्यक है। प्रतिष्ठा एवं अवसर की समानता से सामाजिक लोकतंत्र की स्थापना होती है। इस बात का प्रयत्न करना होगा कि ये अधिकार एक-दूसरे के पूरक एवं पोषक रहे, विरोधी एवं विनाशक नहीं।''

—पं. दीनदयाल उपाध्याय : विचार दर्शन, खंड-7, व्यक्ति-दर्शन; विश्वनाथ नारायण देवधर; सुरुचि प्रकाशन, नई दिल्ली; 2014; पृ. 78-79

स्वतंत्रता

''स्वतंत्रता मानव और राष्ट्र की स्वाभाविक आकांक्षा है। पराधीनता में न सुख है न शांति। राजनीतिक स्वतंत्रता के साथ आर्थिक और सामाजिक स्वतंत्रता भी चाहिए। शासन का व्यक्ति और समष्टि के प्राकृतिक हित में हस्तक्षेप न करना तथा सदैव उसके अनुकूल चलना राजनीतिक स्वतंत्रता है। अर्थ के भाव-रूप अथवा अभाव-रूप से मनुष्य के हित में विघ्न न होना आर्थिक स्वतंत्रता है। समाज का व्यक्ति के स्वाभाविक विकास में बाधक न होकर साधक होना ही सामाजिक स्वतंत्रता है। इन स्वतंत्रताओं के राष्ट्रगत हुए बिना वे व्यक्ति को प्राप्त नहीं हो सकतीं। राज्य के सब अंगों द्वारा अपने-अपने कर्तव्य का पालन करने से सबको स्वतंत्रता प्राप्त होती है। लोकतंत्र के समान स्वतंत्रता भी अविभाज्य है। बिना शासनिक स्वतंत्रता के अन्य दो स्वतंत्रताएँ हो नहीं सकतीं। बिना आर्थिक स्वतंत्रता के मनुष्य को सामाजिक और कुछ अंशों में राजनीतिक स्वतंत्रता नहीं मिल सकती तथा बिना सामाजिक स्वतंत्रता के अर्थ मनुष्य को भाव और अभाव दोनों रूप में परतंत्र कर देता है।''

—पं. दीनदयाल उपाध्याय : विचार दर्शन, खंड-7, व्यक्ति-दर्शन; विश्वनाथ नारायण देवधर; सुरुचि प्रकाशन, नई दिल्ली; 2014; पृ. 79

स्वतंत्रता की लड़ाई बाकी है

''हमारी आत्मा ने अंग्रेजी राज्य के प्रति विद्रोह केवल इसलिए नहीं किया कि दिल्ली में बैठकर राज करनेवाला एक अंग्रेज था, अपितु इसलिए भी कि हमारे दिन-प्रतिदिन के जीवन में, हमारे जीवन की गति में विदेशी पद्धतियाँ और रीति-रिवाज, विदेशी दृष्टिकोण और आदर्श अड़ंगा लगा रहे थे, हमारे संपूर्ण वातावरण को दूषित कर रहे थे, हमारे लिए साँस लेना भी दूभर हो गया था। आज यदि दिल्ली का शासनकर्ता अंग्रेज के स्थान पर हममें से ही एक, हमारे ही रक्त और मांस का एक

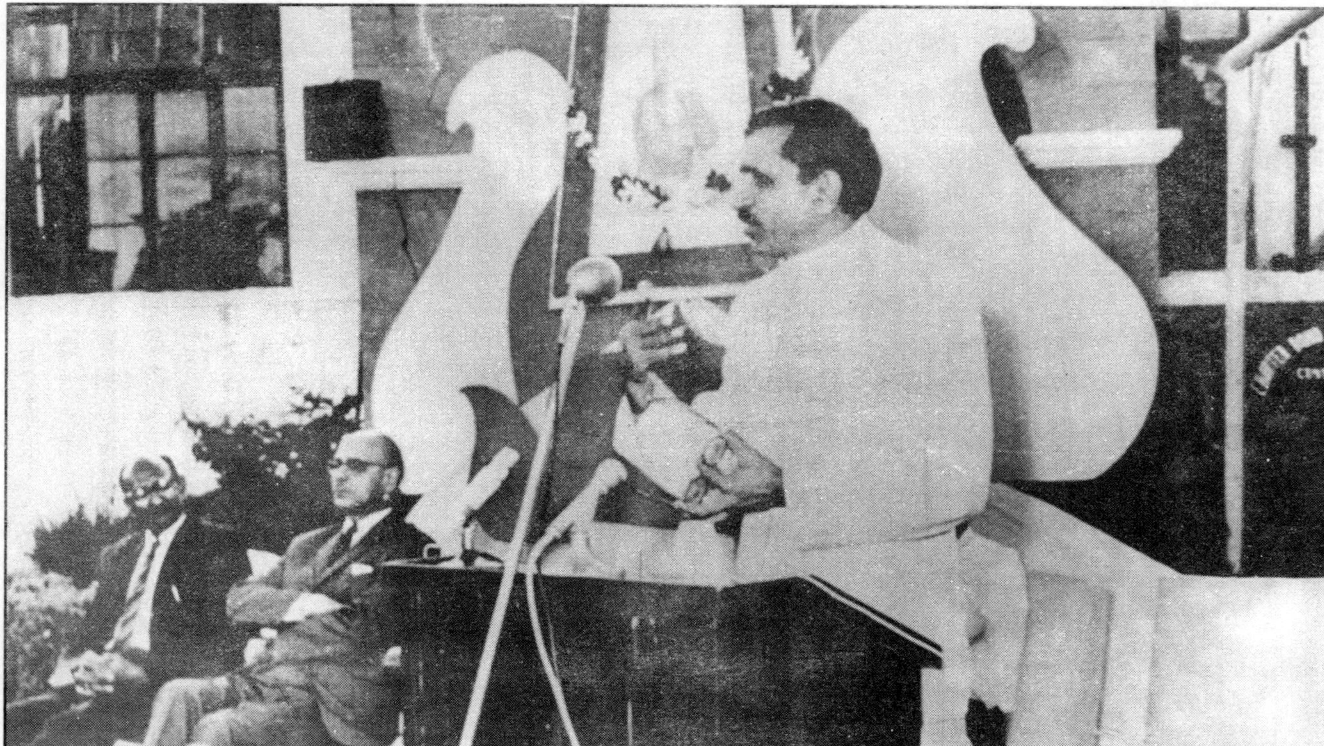

एक कार्यक्रम को संबोधित करते हुए पं. दीनदयाल उपाध्याय

अंश हो गया है तो हमें इसका हर्ष है, संतोष है, किंतु हम चाहते हैं कि, उसकी भावनाएँ और कामनाएँ भी हमारी भावनाएँ और कामनाएँ हों। जिस देश की मिट्टी से उसका शरीर बना है, उसके प्रत्येक रजकण का इतिहास उसके शरीर के कण-कण से प्रतिध्वनित होना चाहिए, तीस कोटि हृदयों की समष्टिगत भावनाओं से उसका हृदय उद्वेलित होना चाहिए तथा उनके जीवन के विकास के अनुकूल, उनकी प्रकृति और स्वभाव के अनुसार तथा उनकी भावनाओं और कामनाओं के अनुरूप पद्धतियों की सृष्टि उसके द्वारा होनी चाहिए। यदि ऐसा नहीं होता तो कहना होगा कि अभी भी स्वतंत्रता की लड़ाई बाकी है। अब भी हम अपनी आत्मानुभूति में आनेवाली बाधाओं को दूर नहीं कर पाए हैं।''

—राष्ट्रजीवन की दिशा : दीनदयाल उपाध्याय; सं.-रामशंकर अग्निहोत्री, भानुप्रताप शुक्ल; लोकहित प्रकाशन, लखनऊ; 2008; पृ. 32-33

श्रमिकों में भी हो राष्ट्रवाद की भावना

''श्रमिक संगठन को वर्ग अवधारणा से ऊपर उठकर राष्ट्रीय विचार करना चाहिए तथा उनके मन में सेवा भाव तथा त्याग की भावना का निर्माण किया जाए। उनमें देश तथा उद्योग के बारे में उत्तरदायित्व की भावना का निर्माण हो।''

—स्मारिका 'समग्र दृष्टि' लघु उद्योग विशेषांक, पं. दीनदयाल उपाध्याय जन्मभूमि स्मारक समिति, 1994, पृ. 37

आर्थिक स्वाधीनता चाहिए

''साधनों के अभाव का राग सदैव अलापा जाता है। मैं यह नहीं मानता कि देश में साधनों की कमी है। हमारे पास मानव, प्राकृतिक तथा वित्तीय सभी प्रकार के साधन पर्याप्त हैं। आवश्यकता है कि वर्तमान तथा विकासमान साधनों के अनुरूप योजना बनाई जाए।

आज तक योजना का आधार विदेशी साधन, मशीन, तंत्रज्ञान, पूँजी और अब कच्चा माल तथा बाजार भी रहा है। जो नहीं है उसकी प्राप्ति की तो योजना बनाई जाती है, किंतु जो है उसको बचाने की तथा उसके सहारे नए निर्माण का विचार नहीं किया जाता। हमने खेती और स्वदेशी उद्योगों की ओर दुर्लक्ष्य किया तथा हमारे लिए अहितकर एवं अप्रतिष्ठापरक शर्तों पर भी विदेशी गठबंधनों का स्वागत किया। विदेशी निहित स्वार्थ आज इतने प्रबल हैं कि वे देश के आर्थिक कार्यक्रमों को ही नहीं अपितु आर्थिक, शैक्षणिक एवं राजनीतिक क्षेत्र की नीतियों को भी प्रभावित करने का प्रयत्न कर रहे हैं। यदि हमें स्वतंत्रता बचानी है तो आर्थिक क्षेत्र में स्वावलंबी बनना होगा। भावी योजनाएँ

पं. दीनदयाल उपाध्याय, श्री नारायण स्वरूप शर्मा (दाएँ से दूसरे) के साथ भोजन पर

इसी आधार पर बनाई जाएँ।''

— पं. दीनदयाल उपाध्याय : विचार दर्शन, खंड-7, व्यक्ति-दर्शन; विश्वनाथ नारायण देवधर; सुरुचि प्रकाशन, नई दिल्ली; 2014; पृ. 103-104

समाज का विचार कर आगे बढ़ें

''जो भाषा मैं प्रयोग कर रहा हूँ, वह मेरी नहीं, मुझे किसी ने दी है। इसे मातृभाषा कहते हैं, क्योंकि सबसे पहले माँ ही भाषा सिखाती है। परंतु माँ अकेले नहीं है, समाज भी है। राष्ट्र के गौरव में ही हमारा गौरव है। परंतु आदमी जब इस सामूहिक भाव को भूलकर अलग-अलग व्यक्तिगत धरातल पर सोचता है तो उससे नुकसान होता है। जब हम सामूहिक रूप से अपना-अपना काम करके राष्ट्र की चिंता करेंगे तो सबकी व्यवस्था हो जाएगी। यह मूलभूत बात है कि हम सामूहिक रूप से विचार करें, समाज के रूप में विचार करें, व्यक्ति के नाते से नहीं। इसके विपरीत कोई भी काम किया गया तो वह समाज के लिए घातक होगा। सदैव समाज का विचार करके काम करना चाहिए।''

— पत्रिका 'उत्तर प्रदेश संदेश' पं. दीनदयाल उपाध्याय विशेषांक (दीनदयाल उपाध्याय का अंतिम भाषण, स्थान-बरेली, 4 फरवरी, 1968); प्रकाशक : सूचना एवं जनसंपर्क विभाग, उत्तर प्रदेश, सितंबर 1991

नियोजन का अर्थ समीकरण बिठाना मात्र नहीं

''योजना आयोग को एक विशेषज्ञ के रूप में काम करना चाहिए तथा आज की समस्याओं का निदान करके उनके समाधान के लिए तात्कालिक एवं दूरगामी उपाय सुझाने चाहिए। नियोजन का अर्थ विभिन्न क्षेत्रों के लक्ष्य निश्चित करने और उनका गणित के अनुसार समीकरण बिठाना मात्र नहीं है। नियोजन के लिए कल्पना, दूरदर्शिता और व्यावहारिकता की नितांत आवश्यकता है।''

— पं. दीनदयाल उपाध्याय : विचार दर्शन, खंड-7, व्यक्ति-दर्शन; विश्वनाथ नारायण देवधर; सुरुचि प्रकाशन, नई दिल्ली; 2014; पृ. 103

उत्पादन का आधार व्यक्ति या कुटुंब हो

''साधारणतया उत्पादन का आधार व्यक्ति या कुटुंब होना चाहिए। हमें इस प्रणाली को अपनाना पड़ेगा, जिसमें हम कुटुंब की इकाई को ही उत्पादन की इकाई बना सकें। उद्योगों में कुटीर और छोटे-छोटे उद्योग, जो घर में ही चलाए जा सकते हों, हमारे व्यापक औद्योगीकरण का कार्यक्रम हो सकते हैं। हाँ, इनमें हम अच्छी मशीनों और बिजली का उपयोग कर सकते हैं।''

—पत्रिका 'उत्तर प्रदेश संदेश' पं. दीनदयाल उपाध्याय विशेषांक; प्रकाशक : सूचना एवं जनसंपर्क विभाग, उत्तर प्रदेश, सितंबर 1991, पृ. 66

स्वभाषा और सुभाषा

"यह स्मरण रखना चाहिए कि अगर अंग्रेजी को हटाना है तो हमें राष्ट्रीय स्वाभिमान की भावना को संपुष्ट करना होगा। इसलिए अंग्रेजी के गुणों और लाभों की रट लगाने से कोई लाभ नहीं है। हम अंग्रेजी शासन को नहीं रख सकते थे भले ही उससे चाहे जो लाभ रहे हों। हमारे स्वातंत्र्य संग्राम के प्रारंभिक दिनों में ब्रिटिश समर्थक तत्त्वों को हमारा यह सामान्य उत्तर होता था कि स्वराज्य (Self-rule) की प्यास को सुराज्य (Good-rule) से नहीं बुझाया जा सकता। आज भी स्वभाषा की आवश्यकता की पूर्ति सुभाषा से नहीं हो सकती।"

—पोलिटिकल डायरी; पं. दीनदयाल उपाध्याय; सुरुचि प्रकाशन, नई दिल्ली; 2012; पृ. 121

देशी भाषाओं को सुप्रतिष्ठित स्थान मिले

"पं. नेहरूजी को संस्कृत नहीं चाहिए, इस कारण अगर हमने संस्कृत का त्याग किया तो अन्यान्य देशी भाषाओं की विविध विषयों की पारिभाषिक शब्दावली क्या रहेगी? अंग्रेजी भाषा ही रखनी है या सामान्य नागरिक के लिए देशी भाषाओं में नए शब्दों का निर्माण करना है? जो अंग्रेजी शब्द सदियों से देशी भाषाओं में सहजता से प्रचार में हैं, उन्हें सीमा पार करने का किसी का आग्रह नहीं है। फिर भी यह भूलना नहीं चाहिए कि विधिशास्त्र, विज्ञानशास्त्र जैसे विषयों में नए-नए शब्द निर्मित करने होंगे।"

—पत्रकारिता और दीनदयाल उपाध्याय; डॉ. महेश चंद्र शर्मा; प्रकाशक : भारतीय जनता पार्टी, 2011;पृ.-93

भारतीय भाषायी पत्रकारिता ही राष्ट्र की आत्मा है

"अंग्रेजी के प्राय: सभी बड़े अखबार अंग्रेजों द्वारा चलाए गए थे। स्वाधीनता प्राप्ति के बाद यद्यपि उनका स्वामित्व तो भारतीयों के हाथ में आ गया, पर उनमें कार्यरत संपादक एवं पत्रकार वर्ग तो उसी भावभूमि से अभिभूत था। अंग्रेजों का समर्थन तो उन्होंने छोड़ दिया, पर अंग्रेजीयत का नहीं। वे इस देश की संस्कृति, सभ्यता, परंपरा से वैचारिक रूप से कटे-कटे ही रहे। इसमें कुछ अपवाद जरूर थे। सर्वसाधारण अंग्रेजी समाचार-पत्र का पत्रकार उच्च शिक्षा प्राप्त व्यक्ति ही हो पाता था। अत: उस पर 'अंग्रेजीयत' सवार रहती थी, पर हिंदी या भाषायी संपादक या पत्रकार वैचारिक दृष्टि

से इस देश की भावभूमि से प्रेरित होता है। स्वातंत्र्य-संग्राम के समय हिंदी या भाषायी संपादकों एवं पत्रकारों की देशप्रेम व संस्कृति निष्ठा की परंपरा का भी बहुत बड़ा योगदान है। इस कारण एक ही पत्र समूह के हिंदी व अंग्रेजी के पन्नों के संपादक के चिंतन में स्पष्ट विरोधाभास रहता है।''

—पत्रकारिता और दीनदयाल उपाध्याय; डॉ. महेश चंद्र शर्मा; प्रकाशक : भारतीय जनता पार्टी, 2011; पृ. 55, 59

कैसी हो खाद्यान्न वितरण प्रणाली

''सरकार को पूरे व्यापार को हाथ में लेने के बदले एक बड़े व्यापारी के रूप में आंशिक रूप से इस क्षेत्र में उतरना चाहिए। उससे या तो बचत वाले देशों से खाद्यान्न का आयात करके या देश के अंदर के ही बचत वाले क्षेत्रों से खरीद कर या भावों में गिरावट के समय अंतराल भंडार (Buffer Stock) बनाना चाहिए और तब भाव वृद्धि के समय या अभावग्रस्त क्षेत्रों में इसे एक बिकवाल के रूप में बाजार में प्रविष्ट करना चाहिए। किसी अन्य व्यवस्था का ही परिणाम होगा काला बाजार या नौकरशाही अक्षमता। यह भी स्मरण रखना चाहिए कि जब तक देश में खाद्यान्न के उत्पादन में वृद्धि नहीं होती, तब तक वितरण-पद्धति में कोई परिवर्तन या नया उपाय कारगर नहीं हो सकेगा। यह खेदजनक है कि खाद्य और कृषि मंत्रालयों ने हर स्थान पर और हर समय खाद्यान्न के उत्पादन की अपेक्षा वितरण की ओर ध्यान दिया है।''

—पोलिटिकल डायरी; पं. दीनदयाल उपाध्याय; सुरुचि प्रकाशन, नई दिल्ली; 2012; पृ. 41-42

मौजूदा शिक्षा प्रणाली का भारतीयकरण जरूरी

''अंग्रेजों के जाने के बाद भी स्वतंत्र भारत अपनी परंपरा के अनुरूप शिक्षण पद्धति का विकास नहीं कर सका है। शरीर से हिंदुस्तानी और मस्तिष्क पर अंग्रेजीयत के संस्कार डालनेवाली मैकाले-प्रणीत शिक्षा पद्धति ही छोटे-मोटे परिवर्तनों के साथ आज भी चल रही है। उसमें से निकलनेवाले पत्रकार उन संस्कारों से अलिप्त कैसे रह सकते हैं? जब तक इस शिक्षा पद्धति का भारतीयकरण नहीं होगा, तब तक अंग्रेजी समाचार-पत्रों का भी भारतीयकरण नहीं हो सकेगा। इसमें भी कुछ अपवाद अवश्य रह सकते हैं और हैं भी।''

—पत्रकारिता और दीनदयाल उपाध्याय; डॉ. महेश चंद्र शर्मा; प्रकाशक : भारतीय जनता पार्टी, 2011; पृ.-59

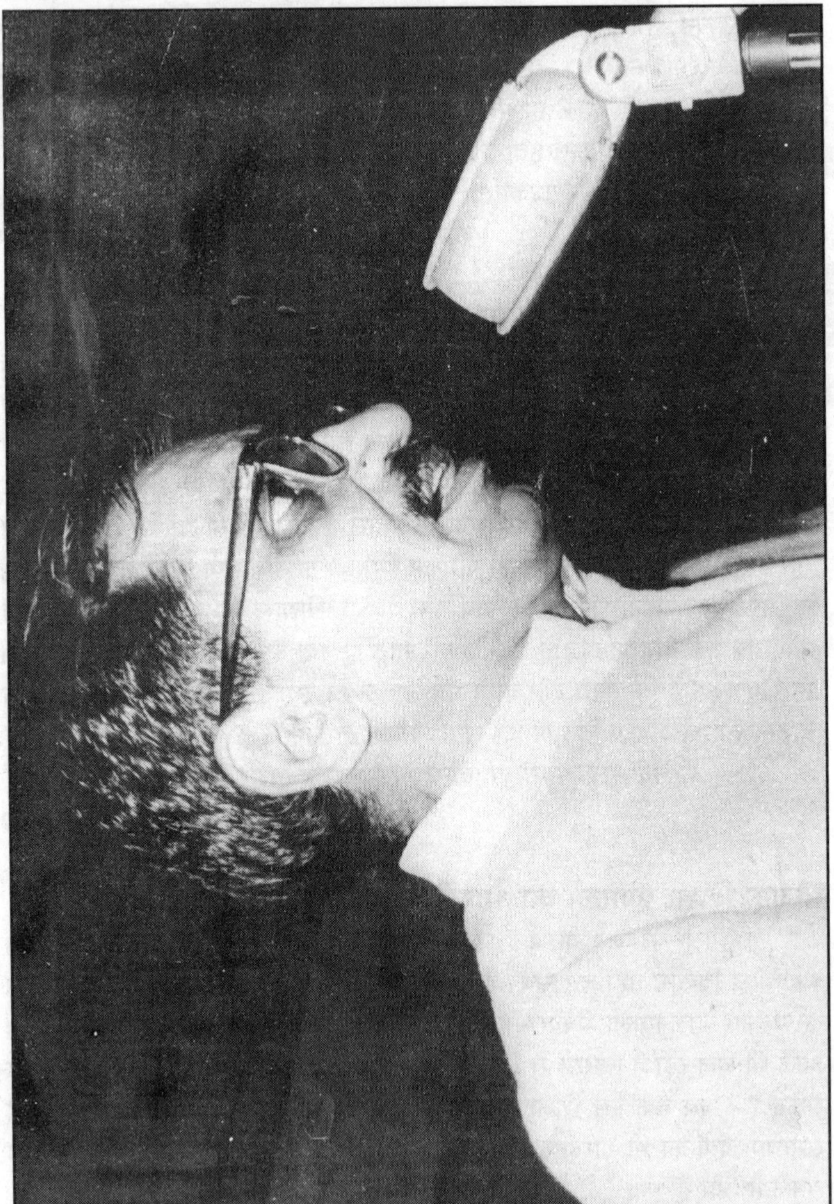

एकात्म मानववाद

"हमारी संपूर्ण व्यवस्था का केंद्र मानव होना चाहिए, जो 'यत् पिण्डे तद्ब्रह्माण्डे' के न्याय के अनुसार समष्टि का जीवमान प्रतिनिधि एवं उसका उपकरण है। भौतिक उपकरण मानव के सुख के साधन हैं, साध्य नहीं। जिस व्यवस्था में भिन्नरुचिलोक का विचार केवल एक औसत मानव से अथवा शरीर-मन-बुद्धि-आत्मायुक्त अनेक एषणाओं से प्रेरित पुरुषार्थचतुष्टयशील, पूर्ण मानव के स्थान पर एकांगी मानव का ही विचार किया जाए, वह अधूरी है। हमारा आधार एकात्म मानव है जो अनेक एकात्म समष्टियों का एक साथ प्रतिनिधित्व करने की क्षमता रखता है। एकात्म मानववाद के आधार पर हमें जीवन की सभी व्यवस्थाओं का विकास करना होगा।"

—पं. दीनदयाल उपाध्याय : विचार दर्शन, खंड-7, व्यक्ति-दर्शन; विश्वनाथ नारायण देवधर; सुरुचि प्रकाशन, नई दिल्ली; 2014; पृ. 84

व्यष्टि और समष्टि

"व्यष्टि और समष्टि के बीच संघर्ष की कल्पना कर दोनों में से किसी एक को प्रमुख एवं संपूर्ण क्रियाओं का अंतिम लक्ष्य मानकर पश्चिम में अनेक विचारधाराओं का जन्म हुआ है। किंतु दृश्य व्यक्ति, अदृश्य समष्टि का भी प्रतिनिधित्व करता है। 'अहं' के साथ 'वयं' की सत्ता भी प्रत्येक 'अहं' के द्वारा जीती (जीवन पाती) है। प्रत्येक 'इकाई' में समुदाय की प्रकृति परिलक्षित होती है। व्यक्ति ही समष्टि के उपकरण हैं, उसके ज्ञान-तंतु हैं। व्यक्ति के विनाश या अविकास से समष्टि पंगु हो जाएगी। व्यक्ति ही समष्टि की पूर्णता का माध्यम और माप है। किंतु व्यक्ति की साधना समष्टि की आराधना से भिन्न नहीं हो सकती। शरीर को क्षति पहुँचाकर कोई अंग कैसे सुखी हो सकता है? फूल का अस्तित्व पंखुड़ियों की शोभा तथा जीवन की सार्थकता पुष्प के साथ रहकर उसके स्वरूप को बनाने और निखारने में है। व्यक्ति-स्वातंत्र्य और समाजहित अविरोधी है।"

—पं. दीनदयाल उपाध्याय : विचार दर्शन, खंड-7, व्यक्ति-दर्शन; विश्वनाथ नारायण देवधर; सुरुचि प्रकाशन, नई दिल्ली; 2014; पृ. 75

व्यक्ति का सर्वांगीण विकास

"व्यक्ति शरीर, मन, बुद्धि और आत्मा का समुच्चय है। व्यक्ति के सर्वांगीण विकास में चारों का ध्यान रखना होगा। चारों की भूख मिटाए बिना व्यक्ति न तो सुख का अनुभव और न ही अपने व्यक्तित्व का विकास कर सकता है। भौतिक और आध्यात्मिक दोनों ही प्रकार की उन्नति आवश्यक है। आजीविका के साधन, शांति, ज्ञान एवं तादात्म्य-भाव से ये भूखें मिटती हैं। सर्वांगीण विकास की कामना ही व्यक्ति को समाजहित में

कार्य की प्रेरणा देती है।''

—पं. दीनदयाल उपाध्याय : विचार दर्शन, खंड-7, व्यक्ति-दर्शन; विश्वनाथ नारायण देवधर; सुरुचि प्रकाशन, नई दिल्ली; 2014; पृ. 75

पुरुषार्थ चतुष्टय

''व्यक्ति के विकास और समाज के हित का संपादन करने के उद्देश्य से धर्म, अर्थ, काम, मोक्ष इन चारों पुरुषार्थों की कल्पना की गई है। धर्म, अर्थ और काम एक-दूसरे के पूरक हैं। मनुष्य की प्रेरणा का स्रोत तथा उसके कार्यों का मापक किसी एक को ही मानकर चलना अधूरा होगा। फिर भी धर्म, अर्थ और काम की सिद्धि का साधन, अंत: आधारभूत है।''

—पं. दीनदयाल उपाध्याय : विचार दर्शन, खंड-7, व्यक्ति-दर्शन; विश्वनाथ नारायण देवधर; सुरुचि प्रकाशन, नई दिल्ली; 2014; पृ. 76

व्यक्ति के सुख का विचार

''संपूर्ण समाज की सृष्टि का ही नहीं, व्यक्ति का भी हमने एकात्म एवं संकलित विचार किया है। सामान्यत: व्यक्ति का विचार उसके शरीर मात्र के साथ किया जाता है। शरीर सुख को ही सुख समझते हैं, किंतु हम जानते हैं कि मन में चिंता रही तो शरीर सुख नहीं रहता। प्रत्येक व्यक्ति शरीर का सुख चाहता है। किंतु किसी को जेल में डाल दिया जाए और खूब अच्छा खाने को दिया जाए तो उसे सुख होगा क्या? आनंद होगा क्या? पुराना उदाहरण है कि भगवान् कृष्ण जब कौरवों के यहाँ संधि करने गए तो दुर्योधन ने उनको बुलाया और कहा, ''महाराज! हमारे यहाँ भोजन करने के लिए आइए।'' भगवान् कृष्ण दुर्योधन के यहाँ भोज करने नहीं गए, किंतु विदुर के यहाँ गए। जब विदुर के यहाँ पहुँचे तो वहाँ हालत ऐसी हो गई कि विदुर की पत्नी ने अत्यधिक आनंद के मारे केले के छिलके छील छीलकर भगवान् कृष्ण के सामने डाल दिए और गुदा दूसरी तरफ फेंक दिया। भगवान् श्रीकृष्ण भी उन छिलकों को ही आनंदपूर्वक खाते रहे। इसलिए लोग कहते हैं—भाई! आनंद के साथ, सम्मान के साथ यदि रूखी-सूखी भी मिल जाए तो बहुत अच्छी बात है, परंतु अपमान के साथ मेवा भी मिले तो उसे छोड़ना चाहिए, इसलिए मन के सुख का भी विचार करना पड़ता है।

इसी प्रकार बुद्धि का भी सुख है। इसके सुख का भी विचार करना पड़ता है, क्योंकि यदि मन का सुख हुआ भी और आपको बड़े प्रेम से रखा भी तथा आपको खाने-पीने को भी खूब दिया परंतु यदि दिमाग में कोई उलझन नहीं रही तो वैसी हालत होती है जैसे पागल की हो जाती है। पागल क्या होता है? उसे खाने को खूब मिलता है,

हृष्टपुष्ट भी हो जाता है, बाकी भी सुविधाएँ होती हैं। परंतु दिमाग के लक्षण के कारण बुद्धि का सुख प्राप्त नहीं होता। बुद्धि में भी तो शांति चाहिए। इन बातों का हमें विचार करना पड़ेगा।''

—एकात्म मानववाद : दीनदयाल उपाध्याय; प्रकाशक : भारतीय जनता पार्टी, नई दिल्ली; 2012; पृ. 23-24

सैद्धांतिक आधार सुदृढ़ हो तो विरोधी भी करेंगे स्वीकार

''सच्चाई यह है कि हमें अपने प्रतिपक्षियों को भी सही रूप में समझने का प्रयास करना चाहिए। यदि हमारा सैद्धांतिक आधार सुदृढ़ है तो विरोधी भी कल उसे स्वीकार करने को बाध्य होगा। पर उसे आत्मीयतापूर्वक समझाने का काम, अनुभव कराने का काम, तो हमें ही करना होगा। क्या उन्हें हम 'अछूत' मानकर कभी यह स्थिति ला सकेंगे? प्रजातंत्र में हमें अपने विरोधियों के प्रति निश्चिय ही अपने दृष्टिकोण को अधिक उदार बनाना होगा।''

—लेख 'उनकी प्रेरणा' : श्री यादवराव देशमुख; स्मारिका 'समग्र दृष्टि'; पं. दीनदयाल उपाध्याय जन्मभूमि स्मारक समिति, 1 जून, 1985, पृ. 17

मतपत्र क्या है?

''जनता को भी यह अनुभव करना चाहिए कि मत प्रत्याशी के प्रति कृतज्ञता ज्ञापन का जरिया नहीं है, बल्कि उसकी (जनता की) इच्छाओं को क्रियान्वित करने का एक आदेश-पत्र है।''

—पोलिटिकल डायरी; पं. दीनदयाल उपाध्याय; सुरुचि प्रकाशन, नई दिल्ली; 2012; पृ. 198

मतदाता का कर्तव्य

''कोई बुरा उम्मीदवार केवल इसलिए आपका मत पाने का दावा नहीं कर सकता कि वह किसी अच्छी पार्टी की ओर से खड़ा है। बुरा-बुरा ही है और दूष्ट वायु की कहावत की तरह वह कहीं भी और किसी का भी हित नहीं कर सकता। पार्टी के हाई कमान ने ऐसे व्यक्ति को टिकट देते समय पक्षपात किया होगा या नेकनीयती बरतते हुए भी वह निर्णय में भूल कर गया होगा। अतः ऐसी गलती को सुधारना उत्तरदायी मतदाता का कर्तव्य है।''

—पोलिटिकल डायरी; पं. दीनदयाल उपाध्याय; सुरुचि प्रकाशन, नई दिल्ली; 2012; पृ. 202-203

मूल्य-नीति और कृषि

"गल्ला वसूली की योजनाओं ने किसान के पेट पर बुरी तरह से लात मारी है। इस मामले में केरल तो सबसे बाजी मार ले गया। यहाँ तो दफ्तर में बैठे हुए बाबू तय करते हैं कि किस किसान के खेत में कितना पैदा हुआ और उसे कितना खाना चाहिए। शेष सभी उसे सरकारी गोदामों में जमा कराने का आदेश दिया जाता है। केंद्र ने विभिन्न फसलों के जो मूल्य निश्चित किए हैं, वे पूर्णतः अनार्थिक हैं। मूल्य की स्थिरता आवश्यक है। किंतु उसके लिए किसानों को अपनी फसल के उचित और पूरे मूल्यों से वंचित रखना अन्यायपूर्ण एवं आत्मघातक होगा। मूल्य नीति का प्रमुख उद्देश्य उत्पादकों विशेषकर प्राथमिक उत्पादों की आय को नीचे गिरने से बचाना होना चाहिए, क्योंकि कृषि-आय ही तो शेष अर्थव्यवस्था को टिकाने का और उसके विकास का साधन बनती है।"

—पं. दीनदयाल उपाध्याय : विचार दर्शन, खंड-7, व्यक्ति-दर्शन; विश्वनाथ नारायण देवधर; सुरुचि प्रकाशन, नई दिल्ली; 2014; पृ. 105

राज्यपालों की नियुक्ति

"विशेष अवसरों को छोड़कर राज्यपाल एक संवैधानिक प्रमुख मात्र है। उसे न तो प्रदेश सरकार की मुहर बनना चाहिए और न केंद्र की दलीय सरकार का हस्तक। अतः इस पद पर ऐसे व्यक्तियों की नियुक्ति होनी चाहिए जो सही मायनों में स्वविवेक का प्रयोग कर सकें तथा जिनकी निष्पक्ष पात्रता में संदेह की गुंजाइश न हो। हारे हुए राजनीतिज्ञों अथवा सेवानिवृत्त अफसरों के स्थान पर यह अच्छा होगा कि हम सर्वोच्च न्यायालय के सेवा-निवृत्त न्यायधीशों को यह स्थान दें। सेवा-निवृत्ति की तिथि के अनुसार इनकी एक तालिका बना ली जाए तथा जब राज्यपाल का स्थान रिक्त हो तब उनकी क्रमानुसार नियुक्ति की जाए। इसमें न तो राज्य सरकार की सहमति का प्रश्न रहेगा और न गृह मंत्रालय की मरजी का।"

—पं. दीनदयाल उपाध्याय : विचार दर्शन, खंड-7, व्यक्ति-दर्शन; विश्वनाथ नारायण देवधर; सुरुचि प्रकाशन, नई दिल्ली; 2014; पृ. 94-95

माओवादियों का षड्यंत्र

"चीन और पाकिस्तान के संकट के संदर्भ में हमें उन तत्त्वों की गतिविधियों का भी विचार करना होगा जो उनसे सैद्धांतिक प्रेरणा लेकर उनकी योजना के अनुसार यहाँ पर काम कर रहे हैं। पश्चिम बंगाल और केरल में माओवादी कम्युनिस्टों के प्रतिनिधि सत्ता में भागीदार होने के बाद उनका साहस बढ़ा है तथा उन्होंने अपने मंतव्यों को पूरा

करने के लिए सत्ता का खुलकर दुरुपयोग किया है। एक ओर तो उन्होंने नक्सलवादी जैसे कांड करके कानून और व्यवस्था को भंग किया और दूसरी ओर पुलिस एवं प्रशासन को निष्क्रिय बनाने की भी कोशिश की। देश को सचेत रहना होगा तथा देखना होगा कि ये तत्त्व कोई ऐसी अशांतिपूर्ण स्थिति न पैदा कर दें जिनका लाभ कम्युनिस्ट चीन और पाकिस्तान उठा लें। जब और जहाँ ये तत्त्व कानून और व्यवस्था की समस्या पैदा करें तथा देश की सुरक्षा के लिए खतरा बनें, वहाँ उनका मुकाबला राजनीतिक स्तर पर भी किया जाए। देश की जनता की राष्ट्रवाद तथा प्रजातंत्र में गहरी निष्ठा है। वह उन तत्त्वों को सहन नहीं करेगी जो इन मान्यताओं के विरुद्ध चलते हैं।''

— पं. दीनदयाल उपाध्याय : विचार दर्शन, खंड-7, व्यक्ति-दर्शन; विश्वनाथ नारायण देवधर; सुरुचि प्रकाशन, नई दिल्ली; 2014; पृ. 113-114

आधारभूत लक्ष्य

''हम जब भारत के लिए आर्थिक कार्यक्रम का विचार करते हैं तो हमारे सम्मुख कुछ ऐसे निश्चित लक्ष्य एवं तथ्य आते हैं, जिन्हें हम बदलना नहीं चाहेंगे, बल्कि सब प्रकार से उनका संरक्षण एवं संवर्द्धन ही हमारे प्रयत्नों का उद्देश्य होना चाहिए। प्रथम भारत ने बड़े प्रयत्नों के बाद अंग्रेजों से मुक्ति पाई है। हम किसी भी शर्त पर इस स्वतंत्रता को गँवाना नहीं चाहेंगे। हमारी योजनाओं का प्रथम लक्ष्य होना चाहिए, अपनी राजनीतिक स्वतंत्रता की रक्षा का सामर्थ्य उत्पन्न करना। दूसरे हमने अपने लिए एक प्रजातंत्रीय ढाँचा चुना है। यदि आर्थिक समृद्धि का कोई भी कार्यक्रम हमारी प्रजातंत्रीय पद्धति के मार्ग में बाधक होता है तो वह हमें स्वीकार नहीं होगा। तीसरे हमारे जीवन के कुछ सांस्कृतिक मूल्य हैं, जो हमारे लिए तो राष्ट्रीय जीवन के कारण, परिणाम और सूचक हैं तथा विश्व के लिए भी अत्यंत उपादेय हैं। विश्व को इस संस्कृति का ज्ञान कराना ही हमारा राष्ट्रीय जीवनोद्देश्य हो सकता है। इस संस्कृति को गँवाकर यदि हमने अर्थ कमाया भी तो वह निरर्थक और अनर्थकारी होगा।''

— भारतीय अर्थ-नीति : विकास की एक दिशा; दीनदयाल उपाध्याय; राष्ट्रधर्म प्रकाशन लिमिटेड, 1958, पृ. 17

सैनिक सामर्थ्य की अभिवृद्धि

''राजनीतिक स्वतंत्रता को बनाए रखने के लिए राष्ट्र को सैनिक दृष्टि से संरक्षण करना आवश्यक है। इस हेतु हम युद्ध-सामग्री के लिए दूसरों पर निर्भर नहीं रह सकते। यह निर्भरता एक ओर तो हमें दूसरों का कृपाकांक्षी बना देगी, दूसरी ओर युद्ध-सामग्री पैदा करनेवाले राष्ट्रों के मन में, अपने इस सामग्री के बाजार बनाए रखने और बढ़ाने के

नगला चंद्रभान, फरह, मथुरा में स्थित पं. दीनदयाल उपाध्याय का घर

लिए, सदैव ही युद्ध की विभीषिका निर्माण करने का मोह उत्पन्न करेगी। यदि भारत जैसा सामरिक महत्त्व की स्थिति वाला देश सैनिक दृष्टि से आत्मनिर्भर हो जाए तो विश्व की शांति को भंग करने की संभावनाएँ भी कम हो जाएँगी।''

— भारतीय अर्थ-नीति : विकास की एक दिशा; दीनदयाल उपाध्याय; राष्ट्रधर्म प्रकाशन लिमिटेड, 1958, पृ. 17

आत्मनिर्भरता

''जो राष्ट्र दूसरों पर निर्भर रहने की आदत डाल लेता है, उसका स्वाभिमान नष्ट हो जाता है। ऐसा स्वाभिमानशून्य राष्ट्र कभी अपनी स्वतंत्रता की कीमत नहीं आँक सकता। यह भी निश्चित है कि बाहर का कोई भी देश हमें हमारे ढंग से उपभोग करने के लिए सहायता नहीं देगा। हमारी योजनाओं की वे छान-बीन करेंगे और फिर हमें वे योजनाएँ बनानी पड़ेंगी, जो चाहे हमारे अनुकूल न हों, किंतु विदेशी सहायता के साथ मेल खा सकें।

— भारतीय अर्थ-नीति : विकास की एक दिशा; दीनदयाल उपाध्याय; राष्ट्रधर्म प्रकाशन लिमिटेड, 1958, पृ. 18

प्रजातंत्र का पोषण

''प्रतिनिधियों का निर्वाचन जितना निष्पक्ष और स्वतंत्रता से हो सकेगा, उतना ही अधिक वे प्रजातंत्र का समर्थन कर सकेंगे। चूँकि मनुष्य का कोई भी निर्णय एकांगी नहीं होता, इसलिए इस स्वतंत्रता के लिए आवश्यक है कि वह आर्थिक दृष्टि से भी स्वतंत्र हो। राजनीतिक प्रजातंत्र बिना आर्थिक प्रजातंत्र के नहीं चल सकता। जो अर्थ की दृष्टि से स्वतंत्र है, वही राजनीतिक दृष्टि से अपना मत स्वतंत्रतापूर्वक अभिव्यक्त कर सकेगा।''

— भारतीय अर्थ-नीति : विकास की एक दिशा; दीनदयाल उपाध्याय; राष्ट्रधर्म प्रकाशन लिमिटेड, 1958, पृ. 18

□

(बाएँ से दाएँ) डॉ. रामनोहर लोहिया, श्री पीतांबर दास, पं. दीनदयाल उपाध्याय और श्री नानाजी देशमुख

भारत-पाक महासंघ की अवधारणा

पं. दीनदयालजी और डॉ. राममनोहर लोहिया का आपस में अच्छा परिचय था और उनके संबंध भी अच्छे थे। दोनों नेताओं में एक बड़ी विशेषता यह थी कि वे दोनों दलगत राजनीति से ऊपर उठकर विचार और व्यवहार करने के आदि थे। सन् 1964 में पाकिस्तान में व्यापक रूप से हिंदुओं पर आक्रमण किए जाने पर डॉ. लोहिया और पं. दीनदयाल उपाध्याय ने इस विषय पर विस्तार से चर्चा की और चर्चा के पश्चात् एक संयुक्त वक्तव्य देने का निर्णय हुआ। निर्णय के उपरांत 12 अप्रैल, सन् 1964 को एक संयुक्त वक्तव्य जारी किया गया जिसमें भारत के मुसलमानों और भारत-पाक एकीकरण की बात कही गई थी, जो निम्नवत है।

पं. दीनदयाल उपाध्याय और डॉ. राममनोहर लोहिया का संयुक्त वक्तव्य

हर नागरिक को स्वतंत्रता और सुरक्षा प्रदान करना भारत की एक पावन परंपरा है।

''पूर्वी पाकिस्तान में बड़े पैमाने पर हुए दंगों ने 2 लाख से अधिक हिंदुओं और अन्य अल्पसंख्यकों को भारत आने पर मजबूर किया है। पूर्वी बंगाल में हुई घटनाओं से स्वाभाविक रूप से भारतीयों में उत्तेजना है। स्थिति को नियंत्रण में लाने और इस रोग के सही इलाज के लिए यह आवश्यक है कि इसका सही ढंग से निदान किया जाए। और मानसिक पीड़ा की इस दशा में भी हमारे राष्ट्रीय जीवन के बुनियादी मूल्य भुलाए नहीं जाने चाहिए।

हमारा यह दृढ़ मत है कि पाकिस्तान के हिंदुओं और अन्य अल्पसंख्यकों के जीवन और संपत्ति की सुरक्षा की गारंटी देना भारत सरकार की जिम्मेदारी है। इस मामले में निरा कानूनी दृष्टिकोण लेते हुए यह कहना कि पाकिस्तान में रहनेवाले हिंदू पाकिस्तानी नागरिक हैं, खतरनाक होगा और इससे दोनों देशों में कम या ज्यादा मात्रा में मार-काट

और प्रति हिंसा फैलेगी। जब भारत सरकार पाकिस्तान के अल्पसंख्यकों के प्रति अपना उत्तरदायित्व निभाने में असफल रहती है तो लोगों का क्रुद्ध होना स्वाभाविक है। जनता से हमारी अपील यह है कि वे अपना रोष सरकार पर प्रकट करें और किसी भी हालत में भारतीय मुसलमानों को उसका शिकार न बनाएँ। यदि जनता आपस में लड़ती है तो इससे सरकार को अपनी काहिली और असफलता छिपाने, जनता को बदनाम करने और उस पर जुल्म ढाने का मौका मिलता है। जहाँ तक भारतीय मुसलमानों का संबंध है, हमारा यह दृढ़ मत है कि अन्य सभी नागरिकों के समान, सभी परिस्थितियों में, उनके जीवन और संपत्ति की रक्षा की जानी चाहिए। कोई भी घटना या तर्क इस सच्चाई से समझौता करने को सही नहीं ठहरा सकते। एक राज्य, जो अपने नागरिकों को जीने के अधिकार गारंटी नहीं दे सकता और ऐसे नागरिक, जो अपने पड़ोसियों की सुरक्षा सुनिश्चित नहीं कर सकते, बर्बर ही कहलाएँगे। चाहे उसका धर्म कोई भी हो, हर नागरिक को स्वतंत्रता और सुरक्षा प्रदान करना वास्तव में भारत की एक पावन परंपरा रही है। इस संबंध में हम हर भारतीय मुसलमान को पुनः आश्वस्त करते हुए हर हिंदू घर में यह संदेश पहुँचाने की कामना करते हैं कि इस आश्वासन को पूरा करना उनका नागरिक और राष्ट्रीय कर्तव्य है।

हमारा यह मानना है कि दो भिन्न देशों के रूप में भारत और पाकिस्तान का अस्तित्व एक कृत्रिम स्थिति है। दोनों सरकारों के संबंधों में मन-मुटाव असंतुलित दृष्टिकोण और टुकड़ों में बात करने की प्रवृत्ति का परिणाम है। दोनों सरकारों के बीच चलनेवाला संवाद टुकड़ों में ही न होकर निष्पक्षता से होना चाहिए। ऐसी खुले दिल से होनेवाली बातचीत से ही विभिन्न समस्याओं का समाधान निकल सकता है, सद्भावना पैदा की जा सकती है और किसी प्रकार के भारत-पाक महासंघ बनाने की दिशा में शुरुआत की जा सकती है।''

—मेरा देश मेरा जीवन; लालकृष्ण आडवाणी, प्रभात प्रकाशन, 2008, पृ. 117-118

□

प्रेरक पत्र

पं. दीनदयालजी का पत्र ममेरे भाई के नाम

रात को जब भी आँख खुलती है···

ओम्

भुवाली, दिनांक 10 मार्च, 1944

प्रिय बनवारी,

आज शायद जितने विक्षुब्ध हृदय से पत्र लिख रहा हूँ, इस प्रकार शायद अपने जीवन में मैंने कभी नहीं किया होगा। मैं चाहता तो था कि अपने हृदय के इस क्षोभ को अपने ही तक सीमित रखूँ, परंतु अब तक का अनुभव बतलाता है कि यह क्रिया अत्यंत वेदनोत्पादक एवं व्यथाकारी है। तुम विचारवान हो एवं संवेदनात्मक रूप से सोचने की तुममें शक्ति है, इसलिए तुमको ही लिख रहा हूँ। 8 तारीख से ही मैं तुम्हारी सतत बाट देख रहा था, वैसे तो मैं जानता था कि तुम नहीं आओगे परंतु एक यों ही आशा लगी हुई थी कि शायद तुम मेरे कार्य की महत्ता का अनुभव कर सको और आ जाओ परंतु तुम शायद न समझ पाए कि मेरा जाना भी मेरी दृष्टि से कितना आवश्यक है। एक स्वयंसेवक के जीवन में संघकार्य का कितना महत्त्व है, काश! तुम इसको समझते होते।

तुम जानते हो कि साधारण रूप से जीवनयापन के अनुकूल योग्यता एवं साधन होते हुए भी, उस मार्ग को छोड़कर भिन्न मार्ग ही मैंने स्वीकार किया है। मैं भी सुख-चैन से रहने की इच्छा करता हूँ। मैं यह भी जानता हूँ कि इस प्रकार कार्य करने में कुटुंब का कोई भी व्यक्ति और मामाजी विशेषकर प्रसन्न नहीं हैं, मामाजी ने मुझको पढ़ा-लिखाकर इस योग्य बनाया और अब उनकी इच्छा के विपरीत कार्य करके उनके हृदय को दुःख देकर, उनकी आशाओं को ठेस पहुँचाकर जो कृतघ्नता का एक पातकीय कृत्य मैंने किया है, उसका मैंने पूर्णरूपेण विचार किया है एवं इस बुराई के टीके को अपने माथे पर लेकर भी तथा अन्य समस्त बुराई-भलाई का विचार करने के बाद जिस मार्ग

को ग्रहण किया है और फिर वह मार्ग भी काँटों से परिपूर्ण है, सदैव इधर-उधर घूमते फिरना, न रहने का ठिकाना, न खाने का ठिकाना, जिसने कहा उसके यहाँ खाया, जहाँ मिला वहाँ रहा आदि अनेकों कठिनाइयों को पहले भी और बाद में अनुभव से जानने पर भी जिस कार्य के लिए अपना समस्त जीवन लगाने का विचार किया है उसका मेरे लिए कितना महत्त्व है, इसको शायद तुम तब ही अनुभव कर पाते जबकि मैं मामाजी को इसी प्रकार छोड़कर यहाँ से चला जाता। मैं जानता हूँ कि यदि मैं दस रुपए का भी कहीं नौकर होता तो इस प्रकार का कार्य करने की हरेक को सलाह देता, फिर यह कोई भी नहीं कहता कि नौकरी छोड़कर इस प्रकार पड़े रहो, तब तो शायद मामाजी भी और तुम भी, और प्रत्येक इस बात की पूरी चिंता रखता कि यदि मैं एक दिन की छुट्टी लेकर आया होता तो ठीक समय पर नौकरी पर पहुँच जाऊँ। इस बात को मैं तुम्हारे और भाई साहब के विषय में देखता हूँ, इसलिए नहीं कि वे तुम दोनों को कोई अधिक प्यार करते हैं वरन् केवल इसलिए कि तुम नौकर हो। तो क्या समाज का कार्य एक नौकरी के बराबर भी महत्त्व नहीं रखता? मैं सोचता हूँ कि यदि मैं कहीं नौकर होता तो आज नौकरी छोड़कर मैं सहर्ष यहाँ पड़ा रहता उसमें मुझे शांति मिलती।

मामाजी का मेरे जीवन पर एक विशेष स्थान है और उनके लिए इस प्रकार नौकरी छोड़ना मुझे किसी भी प्रकार नहीं अखरता। जीजी की बीमारी में मैंने अपनी पढ़ाई छोड़ी, छात्रवृत्ति छोड़ी, वह केवल इसलिए कि जीजी के आराम होने से मामाजी को शांति मिलेगी। परंतु आज मेरी शांति नष्ट हो चुकी है। मेरा कर्तव्य मुझे बार-बार पुकारकर कहता है कि मुझे लौटकर जाना चाहिए। रात-दिन मेरे मस्तिष्क में यही चक्कर मन लगाता रहता है और इस मानसिक संघर्ष एवं उथल-पुथल का ही परिणाम है कि आज मैं छोटी-छोटी बातों को भी भूल जाता हूँ। दवा तक देने का समय पर ध्यान नहीं रहता है, परिचर्या के लिए जितनी सतर्कता चाहिए, उतनी इच्छा होते हुए भी नहीं रख पा रहा हूँ, मेरी आत्मा मेरी दुर्बलता पर मुझको सदैव धिक्कारती रहती है, रात्रि को जब भी आँखें खुल जाती है तो निस्तब्ध वातावरण में आत्मा की प्रतारणा स्पष्ट अनुभव होती है, मेरी कर्तव्यबुद्धि मुझको अपने कार्यक्षेत्र की ओर प्रेरित करती है, पर हृदय की दुर्बलता मुझे अशक्त बना देती है। यह बुद्धि और हृदय का संघर्ष निरंतर चल रहा है, मैं नहीं जानता कि किस दिन मेरा कर्तव्य मेरी दुर्बलता को नष्ट कर देगा और फिर उस दिन शायद प्रत्येक मुझको कोसेगा, मुझे कृतघ्न, धोखेबाज आदि-आदि अनेकों विशेषणों से संबोधित किया जाएगा। परंतु क्या हुआ, एक स्वयंसेवक तो संघकार्य के निमित्त प्रत्येक कलंक को सह सकता है। संघकार्य के निमित्त यदि उसे ऐसे पापकर्म में लीन होना पड़े जिसके लिए कि उसे जन्म-जन्मांतर तक घोर नरक-यातनाएँ भी भुगतनी पड़े तो उसे भी वह सहर्ष कर जाएगा। समाज का कार्य ही उसके सम्मुख एकमेव कार्य करता है।

तुम कहोगे कि ये बड़ी-बड़ी बातें और इतना ओछा व्यवहार! और यही मैं कहता हूँ कि यह मेरे हृदय की दुर्बलता है वह भी केवल मामाजी के लिए। परंतु मैं यह भी जानता हूँ कि मेरी यह दुर्बलता भी अधिक नहीं टिक पाएगी। अपनी ओर से यद्यपि मेरा यही प्रयत्न है कि कम-से-कम मामाजी की बीमारी तक तो मेरा कर्तव्य मेरे ऊपर हावी न हो। इसलिए गीता जो कि मेरे लिए अत्यंत प्रिय पुस्तक है, जिसके एक अध्याय का मैं नित्य पाठ करता था, उसी गीता को तुम्हारे कहने पर भी और मामाजी की इच्छा होने पर भी नहीं सुनाता हूँ वरन् टालमटोल करता रहता हूँ क्योंकि जब-जब मैंने गीता मामाजी को सुनाई है मुझे अनुभव होता है कि उसका एक-एक श्लोक मुझे अपने कर्तव्य की याद दिलाता है, फलत: गीता पाठ के पश्चात् सदैव ही ग्लानि और चिंता से आवृत्त हो जाता हूँ। परंतु मेरे प्रयत्नों के बावजूद भी आत्मा की प्रतारणा तो दिन-रात सदैव ही रहती है, जमीन में जिस प्रकार थोड़ा-थोड़ा पानी रिसता जाता है और वही पानी एक बड़े भारी ज्वालामुखी के रूप में फूट पड़ता है, उस रिसते हुए पानी को कोई नहीं रोक सकता है और ज्वालामुखी के उभार को भी उसी भाँति मैं चाहता हुआ भी अपने कर्तव्य के आकर्षण को रोक नहीं सकता हूँ।

मैं इसलिए चाहता हूँ कि कर्तव्य की मैंने जो इतनी बड़ी उपेक्षा की है, उसके लिए थोड़ा सा तो शांति का कार्य कर लूँ। तुम जानते हो कि मुझे ग्यारह बजे तुम्हारी चिट्ठी पीलीभीत में मिली और तीन बजे की गाड़ी से मैं चल दिया, न किसी से कुछ कह पाया और न सुन पाया और न शाखा का प्रबंध ही कर पाया। अब मैं अनुभव करता हूँ कि मैंने यह मूर्खता की परंतु मैं यह कभी सोचकर नहीं चला था कि मैं इस प्रकार अनिश्चित काल के लिए रहूँगा, मैं तो अधिक-से-अधिक पंद्रह-बीस दिन रहने के विचार से आया था। अब तुम ही सोचो कि इस प्रकार एकाएक चले आने पर क्या तुम करोगे? मैं जानता हूँ कि पहले तो तुम एकाएक इस प्रकार आओगे ही नहीं और आ भी गए तो शीघ्र-से-शीघ्र लौट जाने का प्रयत्न करोगे, हाँ ठीक-ठाक प्रबंध होने पर एवं उच्च अधिकारियों की आज्ञा मिलने पर फिर शायद निश्चित काल तक रह सकते।

मैं नहीं समझता कि मैं क्यों इस प्रकार भाग खड़ा हुआ। एक राष्ट्रीय कार्यकर्ता के नाते तो मुझे कुटुंब का इस प्रकार मोह नहीं होना चाहिए था। परंतु हृदय खींच लाया, तुम जानते हो कि 'भावना से कर्तव्य ऊँचा है' मैं केवल इसलिए पीलीभीत और लखीमपुर जाना चाहता था कि अब तक जैसे-तैसे भी जो कुछ हुआ सो हुआ अब वहाँ का कुछ स्थायी प्रबंध कर दूँगा तथा इस प्रकार कर्तव्य की क्षति की कुछ पूर्ति करके अगले जितने दिनों भी यहाँ रहूँ शायद कुछ शांति से रह सकूँ। इसीलिए मैंने तुमसे प्रार्थना की थी, भिक्षा माँगी थी परंतु तुमने उसको ठुकरा दिया और अब मेरा हृदय रो रहा है, जी में आता है कि अब तुम्हारी ओर से इस प्रकार निराश होकर अपने हृदय की भावनाओं को

एक ओर फेरकर अपने कर्तव्य क्षेत्र में एकदम लौट जाऊँ। परंतु अभी तो शायद मैं विवश हूँ मुझको यह अवश्य अनुभव हो रहा है कि समाज की दृष्टि से मैंने एक जघन्य कृत्य किया है और उसके लिए पश्चात्ताप की ओर से मुझको दग्ध होना पड़ेगा।

राष्ट्र कार्य व्यक्तिगत स्वार्थों से ऊपर

तुम शायद सोचते होंगे कि आज मेरे ऊपर मुसीबत आई है और उसी मुसीबत में दीनदयाल बजाय सहायक होने के रोड़े अटका रहा है। परंतु मेरी केवल एक ही प्रार्थना है कि तुम जरा भर दृष्टिकोण से सोचो, मेरे कार्य को अधिक नहीं तो कम-से-कम इतना महत्त्व तो दो जितना कि तुम मेरी नौकरी को देते। मुझे याद है कि जिस समय जयपुर में जीजी बीमार थी, जीजाजी छुट्टी लेकर निरंतर उनके पास थे परंतु गरमी की छुट्टी होने के पहले दो दिन के लिए स्कूल अटैंड (उपस्थित) करने वे भी चले गए थे, केवल इसलिए कि यदि ऐसा न किया गया तो सारी-की-सारी महीने की छुट्टियाँ उनकी लीव (ग्रीष्मावकाश) में शामिल कर ली जाएँगी और उनको उसकी तनख्वाह नहीं मिलेगी। मरणासन्न रोगी को छोड़कर एक व्यक्ति केवल इतनी थोड़ी सी बात के लिए चला जाए और उसको तुम सब ठीक समझो और यहाँ एक शाखा नष्ट हो रही है, पिछले सारे किए-धरे पर पानी फिर रहा है और उसके प्रबंध के हेतु दो दिन को भी जाने की फुरसत नहीं। तुमको अपने एरियर्स (बकाया वेतन) का खयाल है, सी.ई. की प्रसन्नता-अप्रसन्नता का खयाल है, अपने इंक्रीमेंट्स का खयाल है, आदि-आदि पचासों बातों का खयाल है परंतु राष्ट्र के इस कार्य का खयाल नहीं है, मेरी व्यथा को तुम नहीं जानते हो और न उसकी तुम्हें चिंता ही है। मैं नहीं चाहता कि तुम्हारी आपत्तियों को बढ़ाऊँ, बल्कि मेरा हृदय कहता है कि मैं उसमें सहायक ही होऊँ (यद्यपि कर्तव्य तो मेरा अन्यत्र निश्चित ही है), परंतु मैं नहीं चाहता कि इस प्रकार सहायक होने से अपने जीवन के ध्येय-मार्ग पर जितने कदम आगे बढ़ चुके हैं उनको भी लौटा लूँ। अपने ध्येय के भव्य भवन को आगे मैं न अभी बना पाऊँ, उसको कुछ रुककर बना लूँ, यह हो सकता है, इसमें जो आत्मा को कष्ट होगा उसको सहा जा सकता है, परंतु यह मैं कदापि सहन नहीं कर सकता कि इस भवन को जितना बनाया है उसको भी गिरा दूँ।

किसी भी दृष्टि से देखो यह तो मैं अवश्य समझता हूँ कि तुम मेरे इस अधिकार से वंचित नहीं कर सकते कि मैं कम-से-कम दो-चार दिन के लिए जाकर अपने कार्य का निश्चित प्रबंध कर आऊँ। तुम नौकरी कर रहे हो, तुमको जितने दिन की छुट्टी मिलती है उससे अधिक रहने में तुम अपने को विवश समझते हो, भाई साहब का भी यही हाल है और मेरा भी यही होता, यदि मैं नौकर होता, तब यहाँ कौन रहता? मैं निश्चित रूप से कह सकता हूँ, आज चाहे करने को तुम या कोई कुछ भी कह दे कि

हममें से कोई भी नौकरी छोड़कर नहीं रहता और न मामाजी भी इस बात को पसंद ही करते। क्या तुम समझते हो कि रुपए का बंधन ही सबकुछ है? अनुशासन का भी तो बंधन है, आत्मा का भी तो बंधन है। आज प्रत्येक को अपने कार्य की चिंता है और मुझसे आशा की जाती है, मैं अपने कार्य को बिलकुल ही भूल जाऊँ, उसका कुछ प्रबंध भी न कर सकूँ। यह कहाँ का न्याय है, मेरी समझ में नहीं आता।

खैर, पत्र बहुत बड़ा हो गया है और इस समय तो विक्षुब्ध हृदय में भाव इतने भरे हैं कि मैं कितना ही लिखता जाऊँ समाप्त न होंगे। इतना अवश्य लिखे देता हूँ कि इस पत्र का एक-एक शब्द मेरी आत्मा से निकला है और मैंने सोच-विचार कर लिखा है। यों ही जोश में आकर नहीं लिखा है। प्रत्येक शब्द सार्थक है और उसके पीछे विचार एवं मेरी कार्यशक्ति की सामर्थ्य है। आज मामाजी ने भी तुम्हारी बहुत बाट देखी, तुम्हारे अथवा तुम्हारे किसी पत्र के न आने से वे बहुत चिंतित रहे। फलतः आज उनका तापमान फिर 100.6 हो गया यद्यपि कल 100 तक ही रहा था। पत्र तो जल्दी-जल्दी डालते रहा करें, इससे उनको सांत्वना ही मिलती है।

भाग्याधीन न रह पाऊँगा

पुनश्च तुम इतवार को कुछ मिनटों के लिए आए। तुमने अपने न आ सकने का कारण बताया। उस पर अविश्वास करने का मुझे कोई भी न्यायसंगत कारण दृष्टिगत नहीं होता है। परंतु तुम्हारे जाने के पश्चात् भाग्य के इस क्रूर कुठाराघात पर हृदय खूब ही रोया, तुम शायद विश्वास न करो कि अपने प्रिय बंधु-बांधवों की मृत्यु पर भी जिन आँखों में आँसू न आए वे आँखें भी अश्रु जलपूरित थीं। तुमने कहा कि अप्रैल में छुट्टी लूँगा, उस समय आवेश के कारण मैं तुमसे कुछ कह न पाया परंतु अप्रैल की छुट्टी मेरे किस काम की 'का वर्षा जब कृषि सुखाने'। तुम समझते होंगे कि मैंने होली की छुट्टियों में जाने का विचार आकस्मिक ही लिया था या केवल इसीलिए कि तुम्हारी छुट्टियाँ होंगी, चलो इन दिनों हो ही आऊँ। नहीं! 5 तारीख को प्रांतीय प्रचारक गोला में आए थे, उनके आगमन एवं आदेश का पूर्वाभास होने के कारण ही मैंने ये दिन निश्चित किए थे और अब तुम कहते हो कि अप्रैल तक जाकर क्या मैं अपना सिर फोड़ूँगा। और अब भी मैं निश्चित करता हूँ कि तुमको छुट्टी नहीं मिलेगी। खैर, आत्मा का संघर्ष मेरे भाग्य में है, भुगतूँगा जब तक कि उसका कोई एकपक्षीय निर्णय न हो जाए। एक बात अवश्य है, वह मैं भाई साहब से भी कह चुका था कि 15 मई से हमारा ओ.टी.सी. कैंप (संघ शिक्षा वर्ग) होता है, अतः 15 मई के बाद मेरा किसी भी दशा में रुकना असंभव हो जाएगा। वैसे तो मेरा खयाल है कि भगवत्कृपा से उस समय तक मामाजी ऐसे हो जाएँगे कि केवल नौकर के साथ अकेले रह सकें, परंतु यदि भाग्य ने तब भी धोखा दिया तो उस समय निश्चित ही

मैं भाग्याहीन न रह पाऊँगा, मुझको जाना ही होगा। विचार कर लेना। हाँ, एक और साथ में पत्र रख रहा हूँ, फिर एक तरफ से आवाज आ रही है, इस विषय में तुम क्या कहोगे? उपेक्षा ही न, पर क्या यह उचित है? जरा शांत हृदय से सोचो।

अच्छा मामाजी की तबीयत अभी वैसी ही है। उस दिन जल्दी-जल्दी में तुम से घी के बारे में कहना भूल गया। घी आज समाप्त हो गया है। यहाँ पहाड़ी घी साढ़े चार छटाँक का मिलता है, वह भी विश्वास के योग्य नहीं, देशी साढ़े तीन छटाँक। अतः किसी प्रकार हो सके तो वहीं छह रुपया, आठ रुपया का या ज्यादा घी भेज देना, तुम्हारा बरतन खाली है, लौट जाएगा। फलों में सेब, अनार भेजने की जरूरत नहीं है। डॉ. शर्मा छुट्टी पर हैं, दो-एक दिन में आएँगे। डॉ. श्री खंडे आगरा में हैं, अभी राउंड नहीं लगाया है। प्रह्लाद भाई साहब का पत्र आया हो तो लिखना, यहाँ तो कोई पत्र आया नहीं है।

विशेष पत्र लिखना।

(दीनदयाल उपाध्याय) *(पाञ्चजन्य, 29 अप्रैल, 1968)*

~*~

पं. दीनदयालजी का पत्र मामा के नाम

क्या अपना एक बेटा समाज को नहीं दे सकते?

दिनांक : 21 जुलाई, 1942
लखीमपुर खीरी,

श्रीमान मामाजी,

सादर प्रणाम! आपका पत्र मिला। देवी की बीमारी का हाल जानकर दुःख हुआ। आपने अपने पत्र में जो कुछ भी लिखा है, सो ठीक ही लिखा है। उसका क्या उत्तर दूँ यह मेरी समझ में नहीं आता। परसों आपका पत्र मिला तभी से विचारों का एवं कर्तव्यों का तुमुल युद्ध चल रहा है। एक ओर तो भावना और मोह खींचते हैं तो दूसरी ओर प्राचीन ऋषियों हुतात्माओं और पुम्रषाओं की अतृप्त आत्माएँ पुकारती हैं। आपके लिखे अनुसार पहले तो मेरा भी यही विचार था कि मैं किसी स्कूल में नौकरी कर लूँ तथा साथ ही वहाँ का संघ कार्य भी करता रहूँगा। यही विचार लेकर मैं लखनऊ आया था। परंतु लखनऊ में आजकल की परिस्थिति तथा आगे कार्य का असीम क्षेत्र देखकर मुझे यही आज्ञा मिली कि बजाय एक नगर में कार्य करने के एक जिले में कार्य करना होगा। इस प्रकार सोते हुए हिंदू समाज से मिलनेवाले कार्यकर्ताओं की कमी को पूरा करना

होता है। सारे जिले में काम करने के कारण न तो एक स्थान पर दो-चार दिन से अधिक ठहरना संभव है और न किसी भी प्रकार की नौकरी। संघ के स्वयंसेवक के लिए पहला स्थान समाज और देशकार्य का ही रहता है और फिर अपने व्यक्तिगत कार्य का। अतः मुझे अपने समाज कार्य के लिए जो आज्ञा मिली थी उसका पालन करना पड़ा।

मैं यह मानता हूँ कि मेरे इस कार्य से आपको कष्ट हुआ होगा। परंतु आप जैसे विचारवान एवं गंभीर पुरुषों को भी समाज कार्य में संलग्न रहते देखकर कष्ट हो तो फिर समाज कार्य करने के लिए कौन आगे आएगा। शायद संघ के विषय में आपको अधिक मालूम न होने के कारण आप डर गए हैं। इसका कांग्रेस से किसी प्रकार का संबंध नहीं है और न किसी राजनीतिक संस्था से। यह आजकल की किसी राजनीति में भाग भी नहीं लेता है, न यह सत्याग्रह करता है और न जेल जाने में ही विश्वास रखता है। न यह अहिंसावादी है और न हिंसावादी ही। इसका तो एकमात्र कार्य हिंदुओं में संगठन करना है। इसी कार्य को यह लगातार सत्रह साल से करता आ रहा है। इसकी सारे भारतवर्ष में एक हजार से ऊपर शाखाएँ तथा दो लाख से अधिक स्वयंसेवक हैं। मैं अकेला ही नहीं बल्कि इसी प्रकार तीन सौ से ऊपर कार्यकर्ता हैं जो एकमात्र संघकार्य ही करते हैं। सब शिक्षित और अच्छे घर के हैं। बहुत से बी.ए., एम.ए. और एल-एल.बी. पास हैं। ऐसा तो कोई शायद ही होगा जो कम-से-कम हाई स्कूल न हो और वह भी इने-गिने लोग।

इतने लोगों ने अपना जीवन केवल समाज कार्य के लिए क्यों दे दिया, इसका एकमात्र कारण यही है कि बिना समाज की उन्नति हुए व्यक्ति की उन्नति संभव नहीं है। व्यक्ति कितना भी क्यों न बढ़ जाए, जब तक उसका समाज उन्नत नहीं होता तब तक उसकी उन्नति का कोई अर्थ नहीं है। यही कारण है कि हमारे यहाँ के बड़े-बड़े नेताओं का दूसरे देशों में आकर अपमान होता है। हरीसिंह गौड़ जो कि हमारे यहाँ के इतने बड़े व्यक्ति हैं वे जब इंग्लैंड के एक होटल में गए तो वहाँ उन्हें ठहरने का स्थान नहीं दिया गया, क्योंकि वे भारतीय थे। हिंदुस्थान में ही आप हमारे बड़े-से-बड़े आदमी को ले लीजिए। क्या उसकी वास्तविक उन्नति है? मुसलमान गुंडे बड़े-से-बड़े आदमी की इज्जत को पल भर में खाक में मिला देते हैं, क्योंकि वे स्वयं बड़े हो सकते हैं पर जिस समाज के वे अंग हैं वह तो दुर्बल है, अधःपतित है, शक्तिहीन और स्वार्थी है। हमारे यहाँ हर एक व्यक्तिगत स्वार्थों में लीन है तथा अपनी-ही-अपनी सोचता है। नाव में छेद हो जाने पर अपने अँगोछे को आप कितना भी ऊँचा क्यों न उठाइए वह तो आपके साथ डूबेगा ही। आज हिंदू समाज की यही हालत है। घर में आग लग रही है परंतु हरेक अपने-अपने घर की परवाह कर रहा है। उस आग को बुझाने का किसी को भी खयाल नहीं है। क्या आप अपनी स्थिति को सुरक्षित समझते हैं? क्या आपको

विश्वास है कि मौका पड़ने पर समाज आपका साथ देगा? नहीं, इसलिए नहीं कि हमारा समाज संगठित नहीं है। हम दुर्बल हैं इसलिए हमारे आरती और बाजों पर लड़ाइयाँ होती हैं। इसलिए हमारी माँ-बहनों को मुसलमान भगाकर ले जाते हैं, अंग्रेज सिपाही उनपर निश्शंक होकर दिन-दहाड़े अत्याचार करते हैं और हम अपनी बड़ी भारी इज्जत का दम भरनेवाले समाज में ऊँची नाक रखनेवाले अपनी फूटी आँखों से देखते रहते हैं। हम उसका प्रतिकार नहीं कर सकते हैं। अधिक हुआ तो इस सनसनीखेज मामले की खबर अखबारों में दे दी या महात्माजी ने हरिजन में एक लेख लिख दिया। क्यों? क्या हिंदुओं में ऐसे ताकतवर आदमियों की कमी है जो उन दुष्टों का मुकाबला कर सकें? नहीं, कमी तो इस बात की है कि किसी को विश्वास नहीं है कि वह कुछ करे तो समाज उसका साथ देगा। सच तो यह है कि किसी के हृदय में इन सब कांडों को देखकर टीस ही नहीं उठती है। जब किसी मनुष्य के किसी अंग को लकवा मार जाता है तो वह चेतनाशून्य हो जाता है। इसी भाँति हमारे समाज को लकवा मार गया है। उसको कोई कितना भी कष्ट क्यों न दे पर महसूस ही नहीं होता। हरेक तभी महसूस करता है जब चोट उसके सिर पर आकर पड़ती है।

आज मुसलमानों के आक्रमण सिंध में हैं। हमको उनकी परवाह नहीं परंतु यदि वे ही हमारे घर में होने लग जाएँ तब तो खलबली मचेगी और होश तो तब आएगा जब हमारे बहू-बेटियों में से किसी को वह उठाकर ले जाएँ। फिर व्यक्तिगत रूप से यदि कोई बड़ा हो भी गया तो उसका क्या महत्त्व? वह तो हानिकर ही है। हमारा सारा शरीर का शरीर ही मोटा होता जाए तो ठीक है, परंतु यदि खाली पैर ही सूजकर कुप्पा हो गया और बाकी शरीर वैसा ही रहा तो वह तो पील-पाँव रोग हो जाएगा। यही कारण है कि इतने कार्यकर्ताओं ने व्यक्तिगत आकांक्षाओं को छोड़कर अपने आपको समाज की उन्नति में ही लगा दिया है।

हमारे पतन का कारण हममें संगठन की कमी ही है। बाकी बुराइयाँ अशिक्षा आदि तो पतित अवस्था के लक्षण मात्र ही हैं। इसलिए संगठन करना ही संघ का ध्येय है। इसके अतिरिक्त और यह कुछ भी नहीं करना चाहता है। संघ का क्या व्यावहारिक रूप है, आप यदि कभी आगरा आएँ तो देख सकते हैं। मेरा खयाल है कि एक बार संघ के रूप को देखकर तथा उसकी उपयोगिता समझने के बाद आपको हर्ष ही होगा कि आपके एक पुत्र ने भी इसी कार्य को अपना जीवन कार्य बनाया है। परमात्मा ने हम लोगों को सब प्रकार से समर्थ बनाया है, क्या फिर हम अपने में से एक को भी देश के लिए नहीं दे सकते हैं? उस कार्य के लिए, जिसमें न मरने का सवाल है न जेल की यातनाएँ सहन करने का, न भूखों मरना है और न नंगा रहना है। सवाल है केवल चंद रुपए के न कमाने का। वे रुपए जिनमें निजी खर्च के बाद शायद ही कुछ बचा रहता

रही व्यक्तिगत नाम और यश की बात, सो तो आप जानते ही हैं कि गुलामों का कैसा नाम और क्या यश? फिर मास्टरों की तो इज्जत ही क्या है? आपने मुझे शिक्षा-दीक्षा देकर सब प्रकार से योग्य बनाया, क्या अब मुझे समाज के लिए नहीं दे सकते हैं? जिस समाज के हम उतने ही ऋणी हैं। यह तो एक प्रकार से त्याग भी नहीं है, विनियोग है। समाजरूपी भूमि में खाद देना है। आज हम केवल फसल काटना जानते हैं पर खेत में खाद देना भूल गए हैं, अतः हमारा खेत जल्द ही अनुपजाऊ हो जाएगा।

जिस समाज और धर्म की रक्षा के लिए राम ने बनवास सहा, कृष्ण ने अनेकों कष्ट उठाए, राणाप्रताप जंगल-जंगल मारे फिरे, शिवाजी ने सर्वस्वार्पण कर दिया, गुरुगोविंद सिंह के छोटे-छोटे बच्चे जीते-जी किले की दीवारों में चुने गए, क्या उसकी खातिर हम अपने जीवन की आकांक्षाओं का, झूठी आकांक्षाओं का त्याग भी नहीं कर सकते हैं? आज समाज हाथ पसारकर भीख माँगता है और यदि हम समाज की ओर से, ऐसे ही उदासीन रहे तो एक दिन वह आएगा जब हमको वे चीजें जिन्हें हम प्यार करते हैं जबरदस्ती छोड़नी पड़ेंगी। मुझे पूर्ण विश्वास है कि यदि आप संघ की कार्यप्रणाली से पहले से परिचित होते तो आपके हृदय में किसी भी प्रकार की आशंका नहीं उठती। आप यकीन रखिए कि मैं कोई ऐसा कार्य नहीं करूँगा जिससे कोई भी आपकी ओर उँगली उठाकर देख भी सके। उलटा आपको गर्व होगा कि आपने देश और समाज के लिए अपने एक पुत्र को दे दिया है। बिना किसी दबाव के केवल कर्तव्य के खयाल से आपने मेरा लालन-पालन किया, अब क्या अंत में भावना कर्तव्य को धर दबाएगी। अब तक आपका कर्तव्य अपने परिवार तक सीमित था, अब वही कर्तव्य सारे हिंदू समाज के प्रति हो गया है। यह तो केवल समय की प्रगति के साथ-साथ आपके कर्तव्य का विकास मात्र ही है। भावना का कर्तव्य सदैव ऊँचा रहता है। लोगों ने अपने इकलौते बेटों को सहर्ष सौंप दिया है, फिर आपके पास एक स्थान पर तीन-तीन पुत्र हैं। क्या उनमें आप एक को भी समाज के लिए नहीं दे सकते हैं? मैं जानता हूँ कि आप 'नहीं' नहीं कहेंगे।

आप शायद सोचते होंगे कि यह क्या उपदेश लिख दिया है। न मेरी इच्छा है, न मेरा उद्देश्य ही यह है। इतना सब इसलिए लिखना पड़ा कि आप संघ से ठीक-ठीक परिचित हो जाएँ। किसी भी कार्य की भलाई-बुराई का निर्णय उसकी परिस्थितियाँ और उद्देश्य को देखकर ही तो किया जाता है। पं. श्यामनारायण मिश्र जिनके पास मैं यहाँ ठहरा हुआ हूँ वे स्वयं यहाँ के प्रमुख एडवोकेट हैं तथा बहुत ही माननीय (जेल जानेवाले नहीं) तथा जिम्मेदार व्यक्तियों में हैं, उनकी संरक्षता में रहते हुए मैं कोई भी गैर-जिम्मेदारी का कार्य कर सकूँ यह कैसे मुमकिन है।

शेष कुशल है। कृपापत्र दीजिएगा। मेरा तो खयाल है कि देवी का एलोपैथिक

इलाज बंद करवाकर होमियोपैथिक इलाज करवाइए। यदि आप देवी का पूरा वृत्त और बीमारी तथा संपूर्ण लक्षण भेजें तो यहाँ पर बहुत ही मशहूर होमियोपैथ हैं, उनसे पूछकर दवा लिख भेजूँगा। होमियोपैथ इलाज की यदि दवा लग गई तो बिना खतरे के इस प्रकार ठीक हो सकता। भाई साहब व भाभीजी को नमस्ते, देवी व महादेवी को स्नेह। पत्रोत्तर दीजिएगा। भाई साहब तो कभी पत्र लिखते ही नहीं।

आपका भानजा

(दीना) *(पाञ्चजन्य, 29 अप्रैल, 1968)*

~*~

क्रांतिकारी बटुकेश्वरदत्त की मृत्यु पर पं. दीनदयालजी का पत्र

[शहीद भगत सिंह के साथी बटुकेश्वरदत्त की मृत्यु पर दुःख प्रकट करते हुए पं. दीनदयालजी का उनके मित्र व तरुण भारत के तत्कालीन संपादक श्री वचनेश त्रिपाठीजी के नाम पत्र]

24 जुलाई, 1965,
उज्जैन (म.प्र.)

परम मित्र वचनेशजी!

सप्रेम नमस्कार!

क्रांतिकारी बटुकेश्वर दत्त चले ही गए। 55 वर्ष की उम्र कोई अधिक नहीं होती, किंतु जिन कठिनाइयों में उनका जीवन बीता, उसमें वे अधिक दिन जीते तो आश्चर्य ही होता।

उनके जीवन-काल में शासन ने उनकी कोई कीमत नहीं समझी थी। मरने पर दो मालाएँ राष्ट्रपति और प्रधानमंत्री की ओर से शव पर चढ़ा दी गईं, यही बहुत है। स्वतंत्रता की लड़ाई में क्रांतिकारियों के योगदान को शासन और देश ने सही नहीं आँका। सब श्रेय कांग्रेस ने हड़पने की कोशिश की है। परिणाम यह हुआ है कि स्वतंत्रता के लिए हमारे द्वारा दी गई कीमत को भी हम नहीं समझ पाए। समाज तथा शासकों के मन पर यही भाव है कि स्वतंत्रता हमें दान में मिली। दान की बछिया के दाँत

नहीं देखे जाते, इस कहावत के अनुसार दान में मिली स्वतंत्रता का अधूरापन उन्हें खटकता नहीं। उसके ऊपर होनेवाले आक्रमणों से उनके मन पर चोट भी नहीं पहुँचती। स्वतंत्रता को साकार करने के लिए जो प्रयत्न और पुरुषार्थ चाहिए वह भी नहीं दिखता, क्योंकि प्रेरणा का स्रोत पराक्रम की परंपरा नहीं बल्कि प्रार्थना और प्रस्तावों की पुकार है। जो भी हो यदि स्वतंत्रता और प्रजातंत्र को कोई भावात्मक आधार देना है तथा सुधार और सृजन की भावना पैदा करनी है तो समाज में क्रांतिकारी मनोवृत्ति को जगाना होगा। हाँ, आज इस आतंकवाद की जरूरत नहीं जिसका सहारा अंग्रेजी जमाने में लेना आवश्यक था। बटुकेश्वर दत्त के प्रति यही वास्तविक श्रद्धांजलि होगी।

आपको 16 अगस्त, 1965 के प्रदर्शन का समाचार तो मिला ही होगा। 'तरुण भारत, दिल्ली चलो' के लिए बहुत सार्थक वातावरण बना सकता है। विश्वास है कि प्रश्न की गंभीरता तथा परिस्थितियों को देखते हुए आप इस विषय में अपनी लेखनी अवश्य उठाएँगे।

भवदीय,

दीनदयाल उपाध्याय (पाञ्चजन्य, 29 अप्रैल, 1968)

□

लंदन में भारतीयों से वार्त्तालाप करते हुए पं. दीनदयाल उपाध्याय (1963)

लंदन में तत्कालीन सांसद पं. नारायण स्वरूप शर्मा दंपती के मध्य पं. दीनदयाल उपाध्याय

मित्रों की स्मृति में
पं. दीनदयालजी की विदेश यात्रा

पं. दीनदयाल उपाध्यायजी दिसंबर 1963 में फ्रेंड्स ऑफ इंडिया सोसाइटी के निमंत्रण पर छह सप्ताह की यात्रा पर अमेरिका गए थे, यह उनकी पहली विदेश यात्रा थी। अमेरिका प्रवास के दौरान ही वे इंग्लैंड, जर्मनी और केन्या भी गए। अमेरिका से वापस लौटते समय वे लंदन के प्रवास पर गए, वहाँ वे श्री नारायण स्वरूप शर्मा (तत्कालीन सांसद, लोकसभा) के पास ठहरे हुए थे। लंदन में वे कॉमनवेल्थ के निमंत्रण पर गए थे। उनकी इस विदेश यात्रा का विवरण श्री नारायण स्वरूप शर्मा और उनके परममित्र श्री वचनेश त्रिपाठी (तत्कालीन संपादक, तरुण भारत) के लेखों से उद्धृत है।

श्री वचनेश त्रिपाठी (तत्कालीन संपादक, तरुण भारत) की स्मृति में

अमेरिका में

अमेरिका जाते समय पं. दीनदयालजी की विदाई में जो कुछ लोग लखनऊ में बुलाए गए थे, उनमें मैं (वचनेश त्रिपाठी) भी था। मुझे याद है, दीनदयालजी ने यह प्रश्न होने पर कि "क्या अमेरिका किसी (चीनी) हमले के समय भारत की रक्षा करेगा?" दीनदयालजी की टिप्पणी थी कि "अगर अमेरिका द्वारा हमारी रक्षा होनी हो, तो बेहतर होगा कि वह नहीं हो।" विदेशी सहायता, खासकर अमरीकी मदद की मोहताजी पर उनके ये स्पष्ट विचार सुनकर कई लोगों को आश्चर्य हुआ था। दीनदयालजी ने अमेरिका-प्रवास से लौटकर बताया था कि "अमेरिकी जनता में भारत-पाकिस्तान की आबादी के प्रति बड़ी भ्रांति है। पाकिस्तानी दुष्प्रचार के कारण अनेक अमरीकी यह विश्वास करते हैं कि हिंदुस्तान में निखालिस हिंदू रहते हैं और पाकिस्तान में मुसलिम। एक जन-सभा में जब दीनदयालजी ने इस भ्रांति को दूर करने के लिए कहा कि देखिए, हमारे भारत का तो राष्ट्रपति-पद ही डॉ. जाकिर हुसैन सँभाल रहे हैं, जो कि एक मुसलमान ही हैं।" इस पर बीच में ही एक अमरीकी ने उठकर कहा, "क्या आप हमें

संभवतः ब्रिटिश पार्लियामेंट (लंदन) में पं. दीनदयाल उपाध्याय (बाएँ) का स्वागत करते हुए तत्कालीन ब्रिटिश पार्लियामेंट के सदस्य मि. सोरेसन (सबसे दाएँ) और बीच में हैं श्री नारायण स्वरूप शर्मा (1963)

इतना मूर्ख समझते हैं? अर्थात् भारत का राष्ट्रपति एक मुसलिम हो, यह कैसे हो सकता है?'' यह समझ हमारे देश के प्रति उसकी रही थी। पाकिस्तान ने ऐसे प्रचार में सफलता पाई।

अमेरिका में सम्मान

अमेरिका में वे वहाँ की 'भारत-मैत्री-समिति' के निमंत्रण पर 6 सप्ताह के लिए सन् 1963 के सितंबर-अक्तूबर में गए थे। आस्टिन के नीग्रो डिग्री कॉलेज के अध्यापकों व शिक्षकों के बीच उनका भाषण हुआ। उन्हें टेक्सास की नागरिकता प्रदान करके सम्मानित किया गया और टेक्साल-रेडियो-केंद्र ने कश्मीर पर उनकी एक भेंट-वार्त्ता प्रसारित की। उन्होंने वहाँ कोई दर्शनीय स्थान नहीं देखे, बल्कि वह समय उन्होंने रेड इंडियन, ब्लैक मुसलिमों, भारतीय प्रवासियों और विविध पिछड़े स्तर के अमेरीकीजनों से मिलने में गुजरा। उनकी समस्याएँ समझने की कोशिश की और वहाँ अपनी एक अमिट छाप छोड़ आए।

—लेख 'पं. दीनदयाल उपाध्याय के सान्निध्य में'— वचनेश त्रिपाठी; पत्रिका 'उत्तर प्रदेश संदेश'— पं. दीनदयाल उपाध्याय विशेषांक; प्रकाशक— सूचना एवं जनसंपर्क विभाग उत्तर प्रदेश, सितंबर 1991, पृ. 27-28

~*~

श्री नरायण स्वरूप शर्मा (तत्कालीन लोकसभा सांसद) की स्मृति में

ब्रिटिश पार्लियामेंट में पं. दीनदयालजी और मि. सोरेनसन जब मिले

वैस्टमिस्टर ब्रिज पार कर जैसे ही हम (पं. दीनदयालजी और मैं) बिगबेन की घड़ी से अपनी घड़ियाँ ठीक करते हुए पार्लियामेंट हाउस के अंदर घुसे, वैसे ही हाउस ऑफ कॉमन्स के सदस्य मि. सोरेनसन ने हमारा स्वागत किया। मि. सोरेनसन तब तक लार्ड सोरेनसन नहीं बने थे। 70 वर्ष की अवस्था पार कर चुकने पर भी उनकी चुस्ती में कोई कमी नहीं आई थी। अपितु अपनी मीठी चुटकी लेने के स्वभाव के कारण वे पूरे हाउस ऑफ कॉमन्स में सबसे लोकप्रिय एमपी बने हुए थे। ब्रिटिश कॉमनवेल्थ ऑफिस की ओर से दीनदयालजी को ब्रिटिश पार्लियामेंट की सैर कराने का दायित्व उन पर आ पड़ा था।

उन्होंने दीनदयालजी का हाथ जोर से झकझोरते हुए उनकी धोती के ऊपर एक मीठी चुटकी कसी।

''तो आप भी महात्मा गांधी बनने की कोशिश कर रहे हैं।''

दीनदयालजी की धोती का मजाक उड़ाया जा रहा है, यह समझते ही दीनदयालजी

तत्कालीन प्रथम केन्याई संसद् अध्यक्ष सर हंफ्री स्लेड (बाएँ) से वार्त्तालाप करते हुए
पं. दीनदयाल उपाध्याय (बीच में) और श्री नारायण स्वरूप शर्मा (दाएँ)
(नैरोबी, केन्या— 1963)

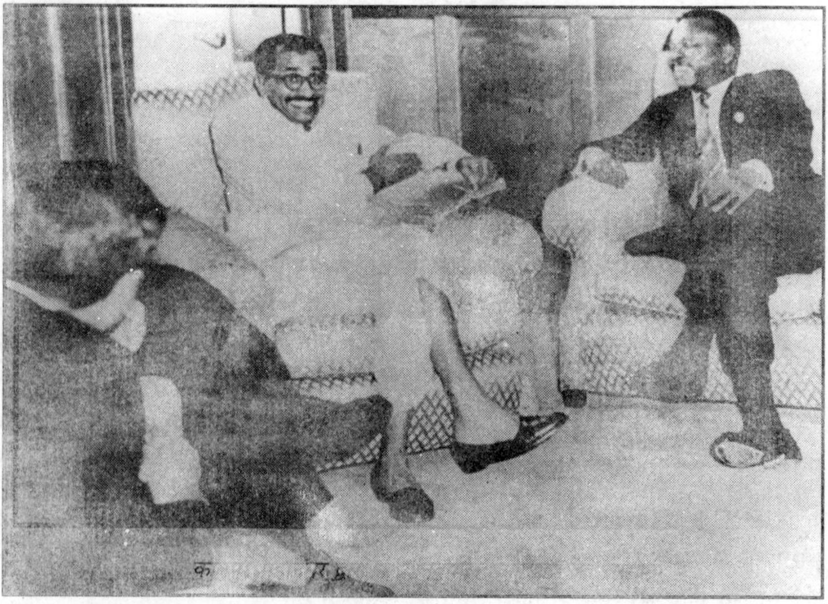

पं. दीनदयाल उपाध्याय एक बैठक के दौरान प्रसन्न मुद्रा में (नैरोबी, केन्या— 1963)

ने तुरंत उत्तर दिया—

"कोशिश तो कर रहा हूँ पर उन सा बनना मुश्किल लग रहा है।"

"अब तक कितनी सफलता मिली है।"

"केवल आधी।"

"क्यों, आधी क्यों?"

"आप देख तो रहे हैं। नीचे से तो गांधी हूँ ऊपर से तो कोट पहन रखा हूँ। कोट पहनना तो नहीं चाहता था, पर अंग्रेजी मौसम से मजबूर हूँ।"

चुटकी का जवाब चुटकी से मिला तो खुशमिजाज सोरेनसन की तबीयत खुश हो गई।

दीनदयालजी का हाथ अपने हाथों में हिलाते हुए उन्होंने फिर एक मीठी चुटकी ली—

"आप तो काफी होशियार मालूम होते हैं।"

मालूम ही देता हूँ? हूँ नहीं क्या?

"हैं या नहीं, यह तो साबित करना पड़ेगा।"

"कैसे साबित करूँगा?"

"अगर लगातार रूप बदलनेवाली अंग्रेज लड़कियों और अंग्रेजी मौसम से आप न घबराएँ तो यह साबित हो जाएगा।"

"तब तो आधी सफलता मुझे मिल ही गई।"

"वह कैसे?"

"लड़कियों के चक्कर में मैं नहीं आता, इस बात का मेरे पास प्रमाण है।"

"क्या?"

"मैं अभी तक अविवाहित हूँ।"

"अच्छा!"

और सोरेनसन के चेहरे पर आश्चर्य की रेखाएँ स्पष्ट हो रही थीं। वे बोले, "अभी आपकी उमर ही क्या है।"

"पर मैं तो जीवन भर अकेला रहने की प्रतिज्ञा कर चुका हूँ।"

सोरेनसन ने विश्वास के साथ उन्हें फिर गुदगुदाते हुए कहा, "क्यों, क्या शुरुआत में ही कोई ट्रैजडी कर डाली है?"

"नहीं ट्रैजडी नहीं, मैं अपना सारा जीवन देशसेवा के लिए समर्पित कर चुका हूँ। जब इतना बड़ा उद्देश्य सामने हो, तो विवाह जैसी साधारण बातों का ध्यान किसे रहता है!" दीनदयालजी का उत्तर था।

सोरेनसन की चुटकियों का अंत हो गया था। मैं उनके चेहरे की व्यंग्यकारी

विदेश यात्रा के दौरान नैरोबी में कार्यकर्ताओं के साथ पं. दीनदयाल उपाध्याय (नैरोबी, केन्या— 1963)

मुसकान को सम्मानपूर्ण श्रद्धा में बदलते हुए देख रहा था। वे तुरंत बोल उठे—

"अंग्रेजी मौसम को आप जीत पाएँगे या नहीं, यह तो मैं नहीं कह सकता, पर आपने मेरे दिल में सम्मान जरूर जीत लिया है। मुझे अपना मित्र समझें। मैं सचमुच बहुत खुश हूँ। चलिए आपको हाउस ऑफ कॉमन्स की सैर करा दूँ।" और हम सोरेनसन के साथ अंदर चले गए।

अपनी अमेरिका यात्रा से लौटते समय दिसंबर 1963 में दीनदयालजी लंदन में मेरे पास ठहरे हुए थे और ब्रिटिश कॉमनवेल्थ ऑफिस के निमंत्रण पर पार्लियामेंट हाउस देखने गए थे। साधारणतया वे चुप रहते थे, पर समय पड़ने पर ऐसा कभी नहीं होता था कि वे वाग्मिता में किसी से हार जाएँ, पारंपरिक हास्य-विनोद में दूसरे को नीचा दिखाकर अपनी बात ऊँची रचाने का हठ उनमें नहीं था। वार्त्तालाप में पारस्परिक सौहार्द बढ़ाना ही उनका लक्ष्य रहता था। इसी कारण उनके संपर्क में एक बार जो भी आया, वह उनकी भलमनसाहत से प्रभावित हुए बिना न रह सका।

1964 में बहुत बड़ी संख्या में पूर्वी पाकिस्तान से बंगाली हिंदू शरणार्थी भारत आ रहे थे। दिल्ली में सभी पार्टियों ने मिलकर इस विषय के ऊपर एक कॉन्फ्रेंस की, तो मुझे लंदन में उनका एक पत्र मिला, जिसमें ब्रिटेन के बड़े आदमियों से इस संबंध में मंतव्य भेजने के लिए कहा गया था। मुझे सबसे पहले सोरेनसन की याद आई और मैंने फोन पर सोरेनसन से बातें कीं। उनका उत्तर था—

"मुझे दीनदयाल बहुत पसंद आए। मैं उन्हें अपना मित्र समझता हूँ। मैं ना नहीं कर सकता।"

और अगले ही दीन मेरे पास कॉन्फ्रेंस के लिए संदेश के रूप में सोरेनसन की ओर से दो पेज टाइप किए हुए पहुँच गए।

अपना काम अपने हाथ से करने का उनका स्वभाव बन गया था। लंदन में एक दिन सुबह ही मैं चाय लेकर उनके कमरे में घुसा, तो देखा कि वे अपने अटैची की तलाशी लेने में लगे हुए हैं, धोती और कुरतों की तह खोल-खोलकर झटक रहे हैं।

"आप तो ऐसा कर रहे हैं जैसे सुई खो गई हो!" मेरे मुँह से निकला

"तुम्हें कैसे पता लगा, सूई ही तो खोज रहा हूँ। कुरते का बटन टूट गया है, सोचा, नहाने से पहले इसे टाक लूँ।"

"क्या इस महान् उत्तरदायित्व को आप अपनी बहन के ऊपर नहीं छोड़ सकते?"

मैंने आश्चर्यचकित होकर पूछा। उन्होंने मेरी ओर देखा और मेरी झुँझलाहट देखकर कुरता मुझे देते हुए बोले—

"तुम तो ऐसे सोचते हो जैसे मुझे हर जगह बहन मिल जाती है, बटन टूटते ही रहते हैं। सूई धागा साथ न रखूँ तो हर वक्त बहनों की ही खोज करनी पड़े।"

—लेख 'वे शुद्ध भारतीय दृष्टि से सोचनेवाले महान् चिंतक थे' नारायण स्वरूप शर्मा; पत्रिका 'उत्तर प्रदेश संदेश'— पं. दीनदयाल उपाध्याय विशेषांक; प्रकाशक : सूचना एवं जनसंपर्क विभाग, उत्तर प्रदेश, सितंबर 1991, पृ. 34-36

~*~

लंदन के प्रसिद्ध समाचार-पत्र मानचेस्टर गार्जियन द्वारा टिप्पणी

लंदन में प्रवास के वक्त पं. दीनदयाल उपाध्यायजी की यात्रा का विवरण प्रस्तुत करते हुए, प्रसिद्ध समाचार-पत्र 'मानचेस्टर गार्जियन' ने (7 नवंबर, 1963) लिखा, "…युवा भारत इनके राष्ट्रवादी आह्वान के इर्द-गिर्द एकत्र हो रहा है, श्री उपाध्याय ध्यान देने योग्य व्यक्ति हैं।"

—'पं. दीनदयाल उपाध्याय, कर्तृत्व एवं विचार'; डॉ. महेशचंद्र शर्मा; प्रकाशक : वसुधा पब्लिकेशंस प्रा.लि., नई दिल्ली, 1994, पृ. 99

□

डॉ. श्यामाप्रसाद मुकर्जी और जम्मू-कश्मीर के संबंध में लेख

भारतीय जनसंघ के संस्थापकों में से एक पं. दीनदयाल उपाध्याय की सहयात्रा जनसंघ के संस्थापक अध्यक्ष डा. श्यामाप्रसाद मुकर्जी के सहयोग के बिना उस ऊँचाई पर संभवतः न पहुँचती, जहाँ यह पहुँची है। जनसंघ की यह जोड़ी भारत में राजनीतिक शुचिता और राष्ट्रवाद के भाव-विचारों का सेतु मानी जाती है। पं. दीनदयाल जी, डॉ. मुकर्जी का बेहद सम्मान करते थे। अध्यक्ष और महामंत्री में परस्पर आत्मीयता, कुशल संप्रेषण, सहमति और सौहार्द का भाव था। कश्मीर समस्या पर दोनों ने उस समय अपने प्रखर लेखों एवं भाषणों के माध्यम से देश को सही दिशा देने की कोशिश की थी। उपरोक्त विषय पर पं. दीनदयाल जी के कुछ लेख संकलन के दौरान प्राप्त हुए थे जिनमें से तीन प्रमुख लेखों को जो पाञ्चजन्य और राष्ट्रधर्म में प्रकाशित हुए थे, उन्हें भी यहाँ प्रस्तुत कर रहा हूँ। निम्नलिखित लेखों के माध्यम से पं. दीनदयाल जी की स्मृति के साथ डा. मुकर्जी के उसी तादात्म्य भाव और कश्मीर समस्या को सूत्र रूप में पिरोने का यह उपक्रम है। सं०—

~*~

लोकसभा में विरोधी पक्ष के प्रमुख नेता डॉ. श्यामाप्रसाद मुकर्जी

—दीनदयाल उपाध्याय

भारतीय जनसंघ के अध्यक्ष और भारतीय लोकसभा में विरोधी पक्ष के प्रमुख नेता डॉ. श्यामाप्रसाद मुकर्जी अपनी वाग्मिता और विद्वत्ता और महान् व्यक्तित्व के कारण लोकप्रिय हैं। आज दिनांक 6 जुलाई को उनके जन्म-दिवस पर उनके महान् व्यक्तित्व

लखनऊ में जनसभा को संबोधित करते हुए डॉ. श्यामाप्रसाद मुकर्जी और उन्हें ध्यानपूर्वक सुनते हुए पं. दीनदयाल उपाध्याय (दाएँ से दूसरे) और श्री अटल बिहारी वाजपेयी (सबसे दाएँ)

दिखानेवाली ये पंक्तियाँ सभी पाठकों को रुचिकर होंगी।

नाभिषेको न संस्कारः सिंहस्य क्रियते वने।
विक्रमार्जितसत्त्वस्य स्वयमेव मृगेंद्रता॥

सिंह का कभी राज्याभिषेक नहीं होता अपितु अपने पराक्रम से वह स्वतः ही 'मृगेंद्र' पद को प्राप्त करता है। कविता की यह उक्ति वन के प्राणियों के लिए ही नहीं, मानव के व्यवहार में भी चरितार्थ होती है। संसद् में डॉ. श्यामाप्रसाद मुकर्जी की स्थिति इसका उदाहरण है। अध्यक्ष मावलंकर द्वारा बनाए गए नियमों के अनुसार श्यामाप्रसाद चाहे विरोधी दल के नेता न स्वीकृत हों, किंतु संसद् के सभी सदस्य, यहाँ तक कि उनके विरोधी दल के सदस्य भी उन्हें संसद् के विरोधी दल का ही नहीं, अपितु अपना नेता भी मानते हैं। वैसे तो संसद् में प्रतिदिन छह घंटे भाषण ही होते रहते हैं। और अखबारों में अनेक सदस्यों के भाषण भी छपते हैं, किंतु एक ही व्यक्ति ऐसा है जिसका भाषण सुनने के लिए प्रत्येक सदस्य लालायित रहता है। क्या विरोधी दल के और क्या कांग्रेस के, सभी सदस्य उस समय अपनी सीटों पर दिखाई देंगे जब श्यामाप्रसाद मुकर्जी अपना भाषण प्रारंभ करते हैं। दर्शकों से गैलरी खचाखच भरी रहती है तथा प्रेस रिपोर्टर, चाहे वे भाषण को अखबारों में न छापें, एक-एक शब्द को लेखनीबद्ध करने के लिए आतुर रहते हैं। कारण, श्यामाप्रसाद मुकर्जी के शब्दों में वकील का तर्क ही नहीं, तो कवि का हृदय भी रहता है। स्वर्ग से गिरनेवाली ओस की बूँदों के समान कभी उनके शब्द सरलता से हृदयंगम होते जाते हैं तो कभी उनकी दहाड़ से विरोधियों के छक्के छूट जाते हैं। कांग्रेस के लोग उनके शब्दों की कीमत करते हैं, क्योंकि वे उनके हृदय की भाषा में बोलते हैं। अपने जिन भावों को नेहरूजी की भृकुटी के भय से तथा अनुशासन के ताले के कारण वे प्रकट नहीं कर पाते, उन्हें जब वे डॉक्टर श्यामाप्रसाद मुकर्जी के भाषण में पाते हैं तो बरबस उनका हृदय उनकी ओर खिंच आता है। एकांत में वे उनकी सराहना करते हैं, पर संसद् में आत्मप्रवंचना के अलावा और सहारा ही क्या है।

डॉक्टर मुकर्जी कभी विरोध के लिए विरोध, अथवा बोलने के लिए बोलने की नीति में विश्वास नहीं करते। वे अपने विषय के साथ जब एकात्मता का अनुभव करते हैं, तब बोलते हैं और वही बोलते हैं जिसे वे अनुभव करते हैं। हृदय की सच्ची अनुभूति ही तो काव्य है। इस काव्य के अक्षर स्वतः अभिमंत्रित हो जाते हैं। और उनका असर केवल संसद् में ही नहीं बल्कि संसद् के बाहर कोटि-कोटि हृदयों तक पहुँचता है। देश की भूखी, नंगी, पीड़ित, त्रस्त और अज्ञानंधकार में आवृत्त जनता उन्हें जाने या न जाने, उनके कानों तक उनका नाम चाहे न पहुँचा तो किंतु उनकी मूक भावनाओं को वाणी का परिधान डॉ. श्यामाप्रसाद मुकर्जी ही पहनाते हैं।

कम्युनिस्टों के समान वे मजमेबाजों की सस्ती वक्तृत्व कला में विश्वास नहीं करते और न संसदीय शिष्टाचार की अवहेलना का बेसुरा राग अलापना ही उन्हें पसंद है। संसद्

ने यदि भाषणों को निश्चित समय की सीमा में बाँधा हो तो न तो उन्होंने सीमोल्लंघन का कभी प्रयत्न किया और न कोई ऐसा विषय ही छूटा जिसे वे प्रस्तुत करना चाहते हों और न कर पाए हों। 'मात्रालाघवेन पुरुषोत्सवमिति वैयाकरणः मन्यनो' के अनुसार उन्होंने भाषण को प्रयत्नपूर्वक कभी संक्षिप्त न किया हो, किंतु गागर में सागर भर देने की कला सिद्ध है और फिर सागर के सभी रत्न भी उस गागर में समा जाते हैं।

डॉक्टर मुकर्जी की आलोचना रचनात्मक होती है। उनके सुझाव विचारपूर्ण होते हैं। किंतु उनका व्यंग्य भी हृदय को विदीर्ण करनेवाला होता है, यद्यपि उसमें शत्रु के प्रति विद्वेष का भाव नहीं रहता। उनके एक-एक शब्द में सरकार को चुनौती रहती है। उनके तथ्यों को यदि किसी ने चुनौती दी तो वे कभी बगलें नहीं झाँकते और न भविष्य में प्रमाण प्रस्तुत कर अपनी बात सिद्ध करने का वादा करते हैं। किंतु वे इन प्रमाणों को पहले से अपने पास तैयार रखते हैं तथा आवश्यकता हुई तो प्रस्तुत भी कर देते हैं। हाल ही में कश्मीर के संबंध में भाषण करते हुए शेख अब्दुल्ला की सांप्रदायिक नीति की वे निंदा कर रहे थे तो कश्मीर के एक सदस्य ने टोक दिया कि वे कैसे कह सकते हैं कि कश्मीर में सांप्रदायिकता जिंदा है। डॉक्टर मुकर्जी ने तत्काल जेब से एक पुस्तिका निकाली जो कश्मीर सरकार की छपी हुई थी और उसके उद्धरणों से अपनी उक्ति की प्रामाणिकता सिद्ध की।

'हाजिर जवाबी' भी उनका ऐसा गुण है जो मौके पर उनके बड़े काम आता है। डॉक्टर मुकर्जी के भाषण से परेशान हो एक बार नेहरूजी कह उठे, "मालूम होता है डॉक्टर मुकर्जीकी संगत ठीक नहीं है।" "जी, हाँ" मुकर्जीबोल उठे, "आपके साथ ढाई वर्ष रह चुका हूँ।" नेहरूजी को ठीक से जवाब देते नहीं बना, किंतु संसद् के सभी सदस्य मुसकरा उठे।

संसद् में सभी विरोधी दल के सदस्य उनसे बराबर परामर्श लेते रहते हैं और उन्होंने कभी किसी को तत्परामर्श से वंचित नहीं रखा। अनेक दल चाहते हैं कि वे उनके साथ मिलकर काम करें तथा एक विरोधी दल बना लें, किंतु वे ऐसा कोई दल संघटित नहीं करना चाहते जिसका कोई सैद्धांतिक आधार न हो। केवल नेतृत्व के लिए सिद्धांतों से समझौता करने को वे तैयार नहीं और यही कारण है कि उनके राष्ट्रीय प्रजातांत्रिक दल में अभी चौतीस सदस्य हो पाए हैं। उनका विश्वास है कि यदि वे सिद्धांत पर डटे रहे तो अवश्य ही उनके दल की संख्या बढ़ेगी और इसलिए सिद्धांतहीन सौदेबाजी के आधार पर अपने दल को बढ़ाने को अग्रसर होने की अपेक्षा वे थोड़े ही लोगों से संतुष्ट हैं। दल में अन्य लोग आएँ या न आएँ, किंतु उन्हें सब विरोधी दल के नेता स्वीकार करते हैं। देश भी आज उनकी ओर इसी नाते से देखता है और यह विश्वास है कि संसदीय क्षेत्र में पं. नेहरू के बाद वे ही दूसरा नेतृत्व निर्माण करने में सफल होंगे।

(पाञ्चजन्य, 7 जुलाई, 1952)

~*~

डॉ. मुकर्जी, जैसा मैंने देखा

—दीनदयाल उपाध्याय

विरोधी दल का कार्य नेतृत्व प्रदान करना है, गलत दिशा देना नहीं। इसका कार्य नकारात्मक नहीं, भावात्मक होना चाहिए। उसे चाहिए कि वह सरकार तो आत्म संतुष्ट अथवा असावधान नहीं होने दे।

संसदीय प्रणाली में विरोधी दल का अपना एक विशेष एवं महत्त्वपूर्ण स्थान है। सामान्यतया तो यह समझा जाता है कि विरोधी दल का काम शासन की नीतियों का डटकर विरोध करना तथा मौका मिलते ही उसे उलट देना है। बहुत से उसे शासन का रोड़ा भी मानते हैं। और इसलिए ऐसे अनेक शासक भी मिलेंगे, जो येन-केन प्रकारेण इस रोड़े को हटा देना अपने और देश के लिए इष्ट समझते हैं। इन लोगों को संसदीय शासन की पद्धति का ज्ञान नहीं है। इस पद्धति में शासन जितना बहुमत दल के आधार पर चलता है, उतना ही विरोधी दल के आधार पर। बहुमत दल शासन का सदैव समर्थन करने के लिए उद्यत होने के कारण उसे एक सातत्य की आश्वस्ति देता है। किंतु विरोधी दल उसकी नीतियों की रचनात्मक आलोचना कर उसकी त्रुटियों से बराबर सावधान करता रहता है। शासन की जिम्मेदारी सामूहिक रूप से संसद् के ऊपर है। शासक और विरोधी दल एक-दूसरे के पूरक हैं। यदि पूरक न होकर वे प्रतिद्वंद्वी हो जाएँ तो समस्या विषम हो जाती है।

डॉ. श्यामाप्रसाद मुकर्जी संसदीय प्रणाली में पटु थे। उस समय के एक विद्वान् ने उन्हें राष्ट्रमंडल में चर्चिल के बाद दूसरे स्थान का संसदविद् माना था। भारतीय गणराज्य की संसद् में वे यथार्थतः विरोधी दल के प्रथम नेता थे। उनकी आलोचना इतनी गंभीर और प्रमाणाधारित होती थी कि उससे मंत्रिमंडल के बड़े-से-बड़े सदस्य घबराते थे। किंतु उन्होंने कभी भी किसी मंत्री की दुविधापूर्ण स्थिति का अनुचित लाभ उठाकर उसे विषम एवं उपहासास्पद स्थिति में डालने का प्रयत्न नहीं किया। बल्कि उनकी बराबर यही तैयारी रहती थी कि वे शासन की गलत नीति से उसको निकालकर सही रास्ते पर खड़ा करने में सहायक हों।

एक और सत्याग्रह

कश्मीर में आंदोलन करने के पूर्व उन्होंने तत्कालीन प्रधानमंत्री के साथ जो लंबा पत्र-व्यवहार किया उसमें पग-पग पर उनकी ओर से यही इच्छा दिखती है कि मिल-बैठकर समस्या के समाधान का कोई मार्ग ढूँढ़कर निकाला जाए। किंतु शासन के दुराग्रह के कारण बैठकर कभी बातचीत नहीं हो पाई और अंत में एक दिन सत्याग्रह का बिगुल बजा दिया गया।

दूसरी पंक्ति में पं. दीनदयाल उपाध्याय (बाएँ से चौथे) और डॉ. श्यामाप्रसाद मुकर्जी (बाएँ से आठवें) वरिष्ठ कार्यकर्ताओं के साथ

भारत के तिरंगे झंडे को जम्मू में लहराने के प्रयास में शहीद मेलाराम और उनके साथी होरा नगर में पुलिस की गोली के शिकार हुए। उनकी अस्थियों को हरिद्वार में गंगाजी में प्रवाहित करने के लिए एक दल दिल्ली आया। भारत की एकता के लिए जीवन का बलिदान देनेवाले इन शहीदों की अस्थियाँ प्रत्येक राष्ट्रभक्त के लिए पूजा की वस्तु थीं। निर्णय लिया गया कि दिल्ली में भी उनका एक जुलूस निकाला जाए तथा डॉक्टर श्यामाप्रसाद मुकर्जी उसका नेतृत्व करें। भारत सरकार, जो उस समय दुर्भाग्यवश शेख अब्दुल्ला की पृथकतावादी तथा भारत विरोधी नीति का शिकार बनकर एकता के लिए आंदोलन करनेवालों को बुरी तरह कुचल रही थी। इस जुलूस को नहीं निकलने देना चाहती थी। उसने चाँदनी चौक में धारा 144 लगा दी तथा एकत्र भीड़ के ऊपर बुरी तरह अश्रु गैस छोड़ा। पर डॉ. मुकर्जी रुकनेवाले नहीं थे। किसी-न-किसी तरह वे अस्थियों के पास पहुँच गए और अपनी श्रद्धा के दो फूल उन पर चढ़ाकर उन्हें हाथ में लेकर चले। पीछे-पीछे विशाल जन-समुदाय 'एक देश में दो विधान, दो प्रधान, दो निशान नहीं रहेंगे, नहीं रहेंगे, शहीद मेलाराम की जय' आदि के नारे लगाता हुआ चल रहा था। थोड़ी दूर ही वे गए होंगे कि डॉ. मुकर्जी तथा उनके साथियों को गिरफ्तार कर लिया गया।

डॉ. मुकर्जी को सरकार ने बंदी तो बना लिया। किंतु उन्हें विधि के अनुसार किसी मजिस्ट्रेट के सामने चौबीस घंटे के अंदर पेश करने के स्थान पर सीधा जेल में जाकर बंद करवा दिया। लोकसभा सदस्य बाबू रूपनारायण सिंह ने सर्वोच्च न्यायालय पर प्रत्यक्षीकरण का आवेदन किया। डॉ. मुकर्जी और उनके साथी नेताओं का कारावास विधि अनुसार न होने पर उन्हें छोड़ दिया गया।

दूसरी ओर सहयोग

इसी अवसर पर विशाखापट्टनम के पोत निर्माण-संयंत्र में श्रमिकों ने हड़ताल कर दी। सरकार ने बहुत कुछ प्रयत्न किए कि हड़ताल समाप्त हो जाए, किंतु उसे सफलता नहीं मिल रही थी। डॉ. श्यामाप्रसाद मुकर्जी के प्रति श्रमिकों में बहुत श्रद्धा थी। जब वे मंत्री थे, तब ही इस संयंत्र को शासन ने लिया था। इस विशेष परिस्थिति में प्रधानमंत्री ने, जो डॉ. मुकर्जी से कश्मीर प्रश्न पर बातचीत करने को कतई तैयार नहीं थे तथा जिनके कारण उन्हें अवैध रूप से कारागार में भी रहना पड़ा था, डॉ. श्यामाप्रसाद मुकर्जी को हड़ताल से उत्पन्न समस्या से समाधान में सहायता करने के लिए बुलाया। संसदीय प्रक्रिया से अनभिज्ञ अथवा संकुचित वृत्ति का कोई व्यक्ति होता तो वह प्रधानमंत्री को लिख देता कि अपनी करनी का फल आप स्वयं भुगतिए। थोक बंदी का मामला मानकर वह किसी भी प्रकार के सहयोग के लिए तैयार नहीं होता, किंतु डॉ. मुकर्जी ने यह नहीं

किया। वे प्रधानमंत्री से मिले। विशाखापट्टनम के श्रमिकों से बातचीत की और उत्पन्न समस्या में से सम्मानपूर्वक मार्ग निकालने के लिए बहुत कुछ दौड़-धूप की और सफलता भी पाई। उस समय आश्चर्च होता था कि जिस प्रधानमंत्री को वे कश्मीर और दूसरे प्रश्नों पर आड़े हाथ लेते थे और जिन प्रधानमंत्री ने उनको अपने आखिरी पत्र में लिख दिया था कि आपके और मेरे बीच कोई चीज समान नहीं, उसके साथ ही घंटों तक खुले दिल से बातचीत कर, उनको एक कठिन परिस्थिति से उबारने के लिए वे कैसे सानंद तैयार हो गए। एक दिन उनसे इस विषय पर चर्चा हुई तो उन्होंने सहजभाव से कहा, ''देश की कोई भी समस्या किसी व्यक्ति की समस्या नहीं। घर में आग लगने पर हम इसीलिए उदासीन नहीं रह सकते कि कर्ता कोई और है, या उसके और हमारे बीच किसी विषय पर मतभिन्नता है। फिर संसद् का सदस्य तो राष्ट्र का चुना हुआ प्रतिनिधि है। वह सरकार में हो या न हो, शासन की हर बात के लिए जिम्मेदार है।''

शासन की नीतियों से मतभेद प्रकट कर उसकी आलोचना कर अपने कर्तव्य की इतिश्री समझनेवालों के लिए यह प्रसंग अतीव बोधप्रद है।

'सर्वनाश' या 'खतरनाश'

बंगाल के बाहर डॉ. श्यामाप्रसाद मुकर्जी के भाषण अधिकांश हिंदी में होते थे। हिंदू महासभा के अधिवेशन में जब वह प्रथम बार सम्मिलित हुए थे तब वह हिंदी में बोल नहीं पाते थे, परंतु उन्होंने हिंदी सीखने का आश्वासन दिया और अगले वर्ष हिंदी में ही बोले। यह तो ठीक है कि व्याकरण की दृष्टि से शुद्ध हिंदी बोलने की उनसे आशा नहीं की जा सकती थी। पर वह अपने विचारों को सदा ठीक प्रकार से और अधिकांश अवसरों पर प्रभावशाली ढंग से व्यक्त करते थे।

भारतीय जनसंघ के आरंभिक सम्मेलन का अध्यक्षीय भाषण उन्होंने अंग्रेजी में लिखा था। परंतु वे चाहते थे कि उसे प्रतिनिधियों में हिंदी में वितरित किया जाए। समय कम था। 20 अक्तूबर का दिन था। दूसरे ही दिन प्रात:काल दस बजे भाषण पढ़ा जाना था। इसके अतिरिक्त 20 अक्तूबर को ही विषय समिति की बैठक भी थी, परंतु इस विषय में उनका बहुत आग्रह था। परिणामत: केवल अध्यक्षीय भाषण ही नहीं, घोषणापत्र भी हिंदी में अनुवाद किया गया और अर्जुन प्रेस के कर्मचारियों की लगन के कारण दोनों का समय से छापा जाना और प्रतिनिधियों को दिया जाना संभव हो सका। परंतु डॉ. मुकर्जी ने अनूदित भाषण नहीं पढ़ा था। जैसा उनका अभ्यास था वह स्वतंत्र रूप से बोले थे। फिर भी उनका जो भाषण हुआ वह अनुवाद से अधिक प्रभावी था।

अपने हिंदी भाषणों में डॉ. मुकर्जी निर्बाध संस्कृत शब्दों का प्रयोग करते थे। अत: उन्हें कभी भी सही शब्द खोजने में कठिनाई नहीं होती थी और संस्कृत के कारण उनकी

भाषण शैली बहुत प्रांजल थी। फिर भी वह सर्वनाश शब्द का कभी प्रयोग नहीं करते थे। उसके स्थान पर 'खतरनाश' कहते थे। इस शब्द को उन्होंने ही पढ़ा था। हम सदा सोचते थे कि वह गलत शब्द का प्रयोग कर रहे हैं, परंतु इस त्रुटि की ओर इंगित करने में हमें संकोच होता था। एक दिन जब आकस्मिक बातचीत में भाषा पर बात हो रही थी, मैंने उन्हें बताया कि 'खतरनाश' उपयुक्त शब्द नहीं है। यदि वह 'सर्वनाश' अथवा 'सत्यानाश' कहें तो वह अधिक उपयुक्त होगा। उन्होंने मुझे इस सुझाव के लिए धन्यवाद दिया, पर कहा, "क्या तुम नहीं सोचते कि 'खतरनाश' और 'सर्वनाश' में थोड़ा अंतर है?" वास्तव में अंतर अवश्य है।

इसी अंतर के कारण डॉ. श्यामाप्रसाद मुकर्जी और देश के अन्य विरोधी नेताओं में भिन्नता थी। डॉ. मुकर्जी सावधान रहते थे और वह किसी भी गलत नीति और कदम की खतरनाक संभावनाओं के प्रति सदैव सरकार और जनता का ध्यान आकर्षित करते रहते थे। परंतु न तो वह निराशावादी थे और न केवल निंदक। इसीलिए संभवतः उन्होंने जानबूझकर नया शब्द गढ़ा था 'खतरनाश'। 'सर्वनाश' का अर्थ होता है 'पूरा विनाश', जबकि 'खतरनाश' (जो फारसी 'खतरा' और संस्कृत 'नाश' को जोड़कर बनाया गया एक संकर शब्द है) उस खतरे को संभावित हानि की ओर इंगित करता है, जो उसे दूर करने के लिए पग उठाए जाने पर उत्पन्न होनेवाला है। यदि इस अंतर को समझा और हृदयंगम कर लिया जाए तो फिर विरोधी दल का उद्देश्य सरकार की निरर्थक आलोचना करना नहीं होगा अपितु वह होगा, राष्ट्र की नीतियो के निर्माण में रचनात्मक योगदान देना। केवल इसी आधार पर विरोधी दल अपने अस्तित्व का औचित्य सिद्ध कर सकता है। विरोधी दल का कार्य नेतृत्व प्रदान करना है, गलत दिशा देना नहीं। उसका कार्य नकारात्मक नहीं, भावात्मक होना चाहिए। उसे चाहिए कि वह सरकार को आत्मसंतुष्ट अथवा असावधान नहीं होने दे, परंतु उसे किसी बात का हौआ खड़ा नहीं करना चाहिए और न लोगों को हतोत्साहित करना चाहिए।

उज्ज्वल भविष्य का निर्माण करेंगे

प्रथम आम चुनावों में कांग्रेस ने अत्यधिक मत प्राप्त किए थे, अधिकांश विरोधी नेता हार गए थे। वह दल जिन्होंने जनता को सरकार बदलने का आश्वासन दिया था, पूर्णतया पराजित हो गए थे, उस वातावरण में एक सज्जन डॉ. मुकर्जी के पास आए और कहा कि भारत में जनतंत्र का भविष्य अंधकारमय है। डॉ. मुकर्जी ने दो प्रश्न पूछे—1. क्या तुम्हें जनतंत्र में आस्था है? 2. क्या तुम राजनीति में सक्रिय कार्य करने का निश्चय करोगे? उस सज्जन ने दोनों प्रश्नों का उत्तर 'हाँ' में दिया। डॉ. मुकर्जी ने पूछा, "तब भारत में जनतंत्र का भविष्य अंधकारपूर्ण कैसे हो सकता है?" और फिर कहा, "यदि हम काम नहीं करेंगे अथवा यदि तुम्हें आस्था न हो तो वह अंधकारमय हो सकता, जहाँ आस्था है वहाँ अंधकार

नहीं है। वह (उज्ज्वल) होगा ही।''

मुझे अनुभव हुआ है कि वह ऐसे व्यक्ति थे जो वास्तव में नेतृत्व कर सकते थे। हमें बहुधा ऐसे लोग मिलते हैं जो 'नेता' कहलाते हैं, परंतु जो जनता में विश्वास उत्पन्न नहीं कर सकते, इसके विपरीत यदि आप उनके पास तारुण्य की आशा लेकर जाएँ तो बुढ़ापे की निराशा लेकर लौटेंगे। डॉ. मुकर्जी उनमें से नहीं थे। पहले चुनावों में जनसंघ को लोकसभा में केवल तीन स्थान प्राप्त हुए थे। डॉ. मुकर्जी भी चुने गए थे। जब हम उनसे मिले तब उन्होंने हार पर शोक प्रकट नहीं किया, उन्होंने मुझे यह स्मरण कराया कि यदि हमें सफल होना है तो कठोर परिश्रम करना पड़ेगा। फिर कहा, 'कम-से-कम जनसंघ तो अधिक अच्छा रहा है। अन्य सब दलों के नेता भी हार गए। तुम्हारे अध्यक्ष तो जीत गए हैं।'' निराशापूर्ण चित्र का वास्तव में यह उज्ज्वल पक्ष जिसने हमें भविष्य को उज्ज्वल बनाने की प्रेरणा दी।

विरोधी दल की भूमिका

आज, डॉ. मुकर्जी की मृत्यु के बारह वर्ष पश्चात् देश और कठिन समय से गुजर रहा है। हमारे बीच में कोई डॉ. मुकर्जी नहीं है, परंतु उनकी आत्मा जीवित है। यदि ऐसे कोई व्यक्ति हों जो ऐसी भाषा में बातें करें जिसे देश का भविष्य अंधकारमय प्रतीत होता हो तो ऐसे विचारों को श्रद्धाविहीन और प्रयोजनहीन समझकर हृदय से निकाल दो। अंततः हम स्वयं ही अपने भविष्य के निर्माता हैं। हम निष्क्रिय द्रष्टा नहीं हैं, देश के इतिहास के निर्माण करने में सक्रिय भागीदार (सहयोगी) हैं। यदि सत्ताधारी लोग गलती करें तो हमारा कर्तव्य है कि हम उनकी भूल, उनकी असफलता में संतोष प्राप्त कर अथवा केवल यह बताकर कि उन्होंने गलती की है, हमें चुप नहीं रह जाना चाहिए। उसके साथ ही यह भी हमारा कार्य है कि लोगों को संगठित करें जिससे यदि सरकार सौंपे गए उत्तरदायित्व को सँभालने में असमर्थ सिद्ध हो तो वे लोग जनतंत्रात्मक ढंग से अपना दावा रखते हुए बदल दें। डॉ. मुकर्जी ने मुझे यह निर्माणात्मक दृष्टिकोण दिया। वे ऐसे विरोधी दल के नेता थे जिनका लक्ष्य था सत्ता प्राप्त करना। यदि हम वह उद्देश्य निरंतर अपने सामने रखें और अपने कार्य में विश्वास रखें तो ऐसा ही विरोधी दल सदा उत्तरदायी ढंग से व्यवहार करनेवाला होगा। वह मार्ग का रोड़ा नहीं बनेगा वरन् देश की सरकार को अतिरिक्त शक्ति प्रदान करेगा, इस दृष्टिकोण को अपनाकर ही जनतंत्र सफल हो सकता है और राष्ट्रीय हितों की रक्षा हो सकती है।

(राष्ट्रधर्म, 4 जुलाई, 1965)

~✻~

अब्दुल्ला द्वारा जुलाई समझौते का उल्लंघन स्वतंत्र कश्मीर की रूपरेखा तैयार

—दीनदयाल उपाध्याय

अलग निशान और अलग प्रधान का निर्माण कर जम्मू और कश्मीर के नेता अपनी पृथकतावादी मनोवृत्ति का परिचय पहले ही दे चुके हैं, किंतु जो अलग विधान इस राज्य के लिए उन्होंने बनाने का प्रस्ताव किया है, वह इस मनोवृत्ति का व्यापक स्पष्टीकरण करता है। सच में तो भारत के लिए जम्मू और कश्मीर भी उसी प्रकार सम्मिलित है, जिस प्रकार अंग्रेजों द्वारा भारत छोड़ने के पूर्व स्वतंत्र की हुई शेष पाँच सौ चौवन रियासतें हैं। एक विधान बन चुका है, वह विधान सब पर लागू है और आशा थी कि जम्मू और कश्मीर पर भी यह विधान लागू होगा। किंतु न मालूम किस घड़ी में हमारे प्रधानमंत्री पं. नेहरू के मुँह से जनमत संग्रह की बात निकल गई और तब से शेख अब्दुल्ला तथा उनके साथी उसका आधार लेकर स्वतंत्र कश्मीर के मंसूबे पूरे कर रहे हैं। कश्मीर में लड़ाई की स्थिति होने के कारण उस रियासत का भारत के साथ अन्य रियासतों के समान पूरी तरह से विलीनीकरण नहीं हो सका और इसीलिए संविधान में अनुच्छेद 370 जोड़कर भारत कश्मीर के उस समय के संबंधों का दिग्दर्शन कराया गया तथा भावी की दिशा इंगित की गई।

अस्थायी और अंतरिम प्रावधानों के अंतर्गत अनुच्छेद 370 में यह स्पष्ट दिया है कि भारत और कश्मीर के संबंध तीन मामलों तक सीमित रहेंगे। किंतु उसी अनुच्छेद की धारा 3 में यह भी कहा है कि कश्मीर की संविधान सभा के अभिस्ताव पर भारत के प्रधान यह घोषणा कर सकते हैं कि अनुच्छेद 370 पूरी तरह समाप्त हो गया अथवा उसमें कुछ परिवर्तन कर लिया गया। विधान निर्माताओं की यह अपेक्षा थी कि उस समय चाहे कश्मीर को अन्य 'ख' श्रेणी राज्यों के समकक्ष न रखा जाए, किंतु वह दिन अवश्य आएगा जब अनुच्छेद 370 समाप्त हो जाएगा और कश्मीर भी पूर्णतया 'ख' श्रेणी का राज्य होकर भारत में मिल जाएगा। स्वर्गीय श्रीयुत गोपालस्वामी आयंगर ने, जिन्होंने अनुच्छेद 370 का प्रस्ताव किया था, संविधान सभा में यह आशा भी व्यक्त की थी, किंतु वह आशा दुराशा ही सिद्ध हुई। शेख अब्दुल्ला और उनके साथी, जिन्हें हमने भारतीय समझा था, भारतीय नहीं बन पाए। वे स्वत: को कश्मीरी ही समझते हैं और उससे ऊपर उठने को तैयार नहीं।

धीरे-धीरे जब यह प्रकट होने लगा कि शेख अब्दुल्ला कश्मीर को भारत में पूरी तरह नहीं मिलाना चाहते हैं तो भारत में उनके विरुद्ध जनमत ने जोर पकड़ा। यहाँ तक कि रणवीर सिंह पुरा में स्वतंत्र कश्मीर का प्रस्ताव करते हुए जो भाषण शेख अब्दुल्ला ने दिया, उसकी निंदा पं. नेहरू ने भी की। उनके मंसूबों के इस प्रकार साफ प्रकट होने पर भारत सरकार

ने उन्हें बुलाया और यह जानना चाहा कि आखिर वे कश्मीर का कौन सा अंतिम स्वरूप रखना चाहते हैं। छोटे-छोटे मामलों में चाहे कश्मीर में भिन्न प्रकार का शासन हो, किंतु भारतीय संविधान के कुछ भाग जैसे नागरिकता, मौलिक अधिकार, सर्वोच्च न्यायालय, वित्तीय एकीकरण, निर्वाचन, प्रधान के संकटकालीन अधिकार आदि तो सभी जगह पर समान रूप से लागू होने चाहिए। फलत: जुलाई 1952 में नेहरूजी तथा शेख अब्दुल्ला के बीच बातचीत हुई जिसके अनुसार उपर्युक्त सभी विषयों को किसी-न-किसी अंश में कश्मीर पर लागू करने का निर्णय हुआ। इस जुलाई समझौते को उस समय नेहरूजी ने बहुत संतोषजनक बताया था, क्योंकि उन्होंने सोचा था कि इस प्रकार भारत का संविधान पूरी तरह नहीं तो कम-से-कम कुछ अंशों में तो कश्मीर पर अवश्य लागू हो जाएगा। किंतु राजनीतिक दृष्टि से यह समझौता भारी भूल हुई क्योंकि इसमें कश्मीर की एक स्वतंत्र सत्ता किसी-न-किसी रूप में मान ली गई। अभी तक जो अनिश्चित थी वह निश्चित हो गई, और उसका लाभ शेख अब्दुल्ला ने 'उँगली के बाद पहुँचा पकड़ने' की नीति के अनुसार उठाया है।

अब्दुल्ला की इस नीति को समझने के पूर्व हमें कश्मीर राज्य के लिए वहाँ की संविधान समिति द्वारा प्रस्तुत संविधान के प्रारूप का थोड़ा सा दिग्दर्शन करना पड़ेगा।

प्रारूप के अनुसार जम्मू और कश्मीर राज्य भारत की एक स्वायत्त संबद्ध इकाई (Autonomous Federated Unit) होगा और वह सर्वप्रभुता संपन्न राज्य रहेगा। उसकी वैधानिक, प्रशासनिक तथा न्यायिक शक्तियों का स्रोत न तो भारत की जनता या संविधान है, बल्कि कश्मीर की जनता और उसका अपना संविधान है।

प्रारूप का भाग 2 नागरिकता से संबंध रखता है, जिसके अनुसार 'स्थायी निवासी' की संज्ञा देकर कश्मीरवासियों को भारत के नागरिकों से भिन्न नागरिकता प्रदान की गई है।

भाग 3 मूलभूत अधिकारों से संबंध रखता है, जिसमें भारतीय संविधान के भाग 3 के सभी मूलभूत अधिकार सम्मिलित कर लिये गए हैं। किंतु भूमि सुधारों के लिए मुआवजे आदि से बचत का मार्ग भी निकाल लिया है। कश्मीर में स्थायी संपत्ति खरीदने अथवा नौकरियों में स्थान प्राप्त करने का अधिकार केवल कश्मीर के 'स्थायी निवासियों' को ही दिया गया है। मौलिक अधिकारों के साथ भारतीय संविधान से भिन्न और संभवतया किसी भी संविधान की दृष्टि से नागरिकों के मौलिक कर्तव्यों का समावेश भी किया है, जिसके अनुसार एक सेकुलर प्रजातंत्रीय राज्य का निर्माण करने के लिए प्रत्येक नागरिक का कर्तव्य होगा कि (क) वह जातीय तथा सांप्रदायिक एकता स्थापित करे, (ख) सभी सार्वजनिक कार्यों में प्रामाणिकता का परिचय दे, (ग) अपने व्यवहार में गौरव, शालीनता और उत्तरदायित्व को प्रकट करे, (घ) किसी भी सार्वजनिक संस्था में सोच-समझकर तथा

ईमानदारी से वोट दे, (च) सांप्रदायिक विद्वेष का प्रचार न करे, (छ) चोर-बाजारी और मुनाफाखोरी या इसी प्रकार के समाज विरोधी काम न करे। उपर्युक्त कर्तव्यों का पालन न करनेवालों को मताधिकार से वंचित किया जा सकेगा।

भाग 4 जम्मू और कश्मीर राज्य के प्रमुख, जो सदरे रियासत कहलाएगा के निर्वाचन, कर्तव्य आदि का वर्णन करता है। केवल स्थायी नागरिक ही सदरे रियासत चुने जा सकेंगे। सदरे रियासत को 'खुदा' का नाम लेकर, चाहे वह नास्तिक ही क्यों न हो, शपथ ग्रहण करनी पड़ेगी। सदरे रियासत भारत के राष्ट्रपति द्वारा नियुक्त किया जाएगा और उनकी प्रसादावधि तक पदारूढ़ रहेगा, किंतु उसकी नियुक्ति कश्मीर की राष्ट्रीय सभा दोषारोपण (Impeachment) कर उसे हटा भी सकती है। भारत के राष्ट्रपति को तो राष्ट्रीय सभा के निर्णयों पर मुहर लगाने मात्र का अधिकार है। यदि मुहर नहीं लगाई तो क्या परिणाम होगा, यह भविष्य के लिए छोड़ दिया गया है।

कश्मीर का शासन-कार्य एक मंत्री परिषद् के द्वारा होगा जो सामूहिक रूप से राष्ट्रीय सभा के प्रति उत्तरदायी होगी। मंत्री परिषद् प्रधानमंत्री की इच्छा के अनुसार सदरे रियासत द्वारा नियुक्त की जाएगी और उसकी इच्छा के अनुसार ही एक या अधिक मंत्री हटाए भी जा सकते हैं।

राष्ट्रीय महासभा कश्मीर की विधान परिषद् होगी, जोकि प्रति चालीस हजार निवासियों के ऊपर एक सदस्य के आधार पर चुनी जाएगी। केवल जम्मू प्रांत में हरिजनों के लिए पाँच वर्ष के लिए चार स्थान सुरक्षित रहेंगे। कश्मीर के नागरिक भारत के नागरिकों से अधिक समझदार हैं, इसलिए उन्हें उठारह वर्ष की उम्र में ही मताधिकार प्राप्त हो जाएगा। मतदाताओं को अपने प्रतिनिधि वापस बुलाने का अधिकार (त्मबंसस) दिया है। महासभा का सब कार्य उर्दू में होगा। अध्यक्ष यदि चाहे तो किसी भी सदस्य को अंग्रेजी में और यदि वह अंग्रेजी भी नहीं बोल सकता तो मातृभाषा में बोलने की अनुमति दे सकता है।

भाग 6 न्याय विधान से संबद्ध है। इसके अनुसार कश्मीर राज्य का अंतिम और सर्वोच्च न्यायालय दीवानी, फौजदारी आदि सभी मामलों के लिए एक न्याय मंडल (Judicial Board) होगा। यह न्याय मंडल सदरे रियासत के द्वारा प्रधानमंत्री की सहमति से नियुक्त किया जाएगा। न्याय मंडल के अतिरिक्त एक हाईकोर्ट भी होगा, जिसकी बैठकें जम्मू और श्रीनगर में होंगी। मूलभूत अधिकारों के संबंध में आदेश आदि देने का अधिकार दोनों न्यायालयों को होगा। मौलिक अधिकारों के संबंध में कोई भी नागरिक भारतीय सुप्रीम कोर्ट में भी आवेदन कर सकता है, किंतु सुप्रीम कोर्ट में कश्मीर के और किसी भी विषय पर अपील नहीं की जा सकेगी।

भाग 7 प्रधानांकेक्षक की नियुक्ति के संबंध में है। भारत के प्रधानांकेक्षक को कश्मीर में कोई अधिकार नहीं रहेंगे।

भाग 8 भारत और कश्मीर के संबंधों की विवेचना करता है। यह संबंध तीन अनुसूचियों में वर्णित है जिसमें प्रथम अनुसूची में वे विषय सम्मिलित हैं, जिनका संबंध रक्षा, विदेश नीति और यातायात से है। इन विषयों पर विधान बनाने का अधिकार भारतीय संसद् को होगा। इसके साथ ही एक और अनुसूची दी गई है जिसमें वे विषय सम्मिलित हैं जो सम्मिलिन पत्र के अनुसार तो भारतीय संसद् के अधिकार क्षेत्र में हैं, किंतु जिनमें परिवर्तनों की माँग की गई है। इसमें ध्यान देने योग्य यह है (क) भारतीय संसद् में कश्मीर के प्रतिनिधि जनता द्वारा चुने हुए नहीं होंगे वरन् वहाँ की सरकार की सिफारिश पर राष्ट्रपति द्वारा नियुक्त होंगे। (ख) कोई भी संधि जो भारत का विदेशमंत्री दूसरे देशों के साथ करे और जिसमें जम्मू और कश्मीर राज्य का किसी भी प्रकार संबंध आए, वह कश्मीर की सरकार की सहमति के बिना नहीं हो सकेगी और भारतीय संसद् को उस संधि को व्यावहारिक रूप देने के संबंध में कोई भी कानून बनाने का अधिकार न होगा। (ग) भारतीय संसद् के अध्यक्ष कश्मीर के किसी भी संसदीय सदस्य को उसकी मातृभाषा में भाषण करने की अनुमति नहीं दे सकेंगे। वह भाषण वहाँ की राजकीय भाषा अर्थात् उर्दू में ही हो सकता है। (घ) भारत के सुप्रीम कोर्ट को विभिन्न राज्यों एवं राज्य और संघ सरकार के बीच उत्पन्न सभी विवादों के लिए मूल न्यायिक अधिकार प्राप्त हैं, किंतु वह न तो कश्मीर के संविधान के संबंध में और न उन विषयों के संबंध में, जिनके लिए भारतीय संसद् को कश्मीर के लिए कानून बनाने का अधिकार नहीं, अपने अधिकारों का उपयोग कर सकेगा। (च) यदि किसी विषय पर भारत और कश्मीर दोनों ने नियम बनाए हैं और वे परस्पर विरोधी हैं तो जहाँ अन्य राज्यों में राज्य के नियम के ऊपर संघीय नियम को मान्यता होती है, वहाँ कश्मीर में राज्य के अपने नियम को ही मान्यता रहेगी। (छ) भारत को यद्यपि यातायात में सभी अधिकार प्राप्त हैं, किंतु भारत का राष्ट्रपति किसी भी मार्ग को कश्मीर सरकार की सम्मति के बिना राष्ट्रीय या सैनिक महत्त्व का घोषित नहीं कर सकता। (ज) कश्मीर राज्य चाहे तो राज्य की पुरानी सेनाओं को रख तथा बढ़ा सकता है। यदि उनका भारतीय सेनाओं के साथ किसी भी प्रकार से एकीकरण किया जाए तो वह कश्मीर सरकार की सम्मति से ही हो सकेगा। कोई भी सेना का अंग, जो भारतीय सेना के साथ अभी तक संबद्ध नहीं हुआ है, भारतीय सेना का अंग नहीं समझा जाएगा और उनपर राज्य का ही अधिकार रहेगा। (झ) भारत यदि नागरिकता के संबंध में कोई कानून बनाता है तो वह कश्मीर की विधानसभा की सहमति के बिना उस राज्य पर लागू नहीं हो सकेगा। इसी प्रकार वे सब लोग जो जम्मू और कश्मीर राज्य से सन् 1947 के झगड़ों के कारण पाकिस्तान (भारत नहीं) चले गए हैं, वे सब वापस आने पर नागरिक माने जाएँगे। (त) भारत यदि राज्य कर्मचारियों के लिए कोई संयुक्त जनसेवा आयोग बनाना चाहे तो उसे कश्मीर सरकार की पूर्व सम्मति प्राप्त करना आवश्यक होगा। (थ) भारत के राष्ट्रपति को जम्मू और कश्मीर राज्य में आंतरिक

दुर्व्यवस्था होने पर तब तक संकटकालीन स्थिति की घोषणा करने का अधिकार प्राप्त नहीं, जब तक वहाँ की सरकार प्रार्थना न करे। युद्धजन्य संकटकालीन स्थिति की घोषणा करने पर भी संघ सरकार जम्मू और कश्मीर राज्य को वही निर्देश दे सकती है, जो राज्य के प्रशासनिक मामलों में किसी प्रकार का दखल न दे। इसी प्रकार भारतीय संसद् ऐसे समय में भी बिना कश्मीर की विधानसभा अथवा वहाँ की सरकार की सहमति के कोई कानून नहीं बना सकती।

कश्मीर सरकार ने अपने व्यापारी प्रतिनिधि देश-विदेशों में रखने और किसी भी प्रकार के अंतरराष्ट्रीय सम्मेलनों में, जिनमें व्यापार आदि की बातें हों, भाग लेने का अधिकार सुरक्षित रखा है।

भारत की सुरक्षा के लिए तैयारी करने संबंधी नियम बनाने का अधिकार यद्यपि संघीय अनुसूची की प्रथम सूची के अनुसार भारत को स्वत: प्राप्त है, किंतु कश्मीर में उसके लिए कश्मीरी विधानसभा की स्वीकृति आवश्यक है। संघीय सूची में से विषय क्रमांक 7 (संसद् द्वारा सुरक्षा अथवा युद्ध के लिए आवश्यक घोषित उद्योग), क्रमांक 8 (केंद्रीय सूचना तथा चर विभाग), क्रमांक 9 (सुरक्षा, वैदेशिक मामले और भारत की सुस्थिति से संबंधित निवारक निरोध अधिनियिम) को कश्मीर राज्य ने भारतीय संसद् के अधिकार क्षेत्र से निकाल लिया है।

रेल पथ यद्यपि संघीय विषय है, किंतु यदि कश्मीर सरकार राज्य में कोई रेल बनाए या किसी कंपनी से बनवाए तो वह केंद्रीय अधिकार क्षेत्र से बाहर होगी।

मुद्रा, बैंकिंग, पोस्ट ऑफिस आदि में केंद्र को कोई अधिकार नहीं रहेगा। जनगणना के लिए कश्मीर राज्य भारत की जनगणना से संबंध नहीं रखेगा और न उसका किसी प्रकार सर्वेक्षण विभाग से कोई संबंध रहेगा। चुनाव आयोग का अधिकार-क्षेत्र केवल राष्ट्रपति और उप-राष्ट्रपति के निर्वाचन तक ही रहेगा।

भारत का कश्मीर के साथ किसी भी प्रकार वित्तीय एकीकरण नहीं होगा। वहाँ भारत कोई कर नहीं लगा सकता।

भाग 9 के अनुसार प्रधानमंत्री की सलाह से सदरे रियासत एक जनसेवा आयोग नियुक्त करेगा। चुनाव कमीशन सदरे रियासत द्वारा प्रधानमंत्री की सलाह से नियुक्त होगा। भाग 11 उर्दू को राजभाषा स्वीकार करता है। प्रारंभिक शिक्षा के लिए कोई भी जिला कौंसिल किसी भी अनुसूचित भाषा को स्वीकार कर सकती है। भाग 12 में विविध प्रावधान दिए गए हैं जिनमें संकटकालीन स्थिति की अवस्था में प्रधानमंत्री की सलाह से सदरे रियासत घोषणा कर सकता है कि किसी भी न्यायालय को मौलिक अधिकारों के संबंध में विचार करने का अधिकार नहीं रहेगा।

राज्य का झंडा तीन सफेद खड़ी पहियों और हल के साथ लाल रंग का रहेगा।

भाग 13 के अनुसार कश्मीर एक संघ राज्य माना गया है जिसके पाँच अंग होंगे—(क) कश्मीर—अनंतनाग, श्रीनगर, बारामूला जिलों सहित, (ख) पुँछ—मीरपुर, पुँछ, रजौरी और मुजफ्फराबाद जिलों सहित, (ग) जम्मू—जम्मू, कठुआ, ऊधमपुर और डोडा जिलों सहित, (घ) लद्दाख—लेह, कारगिल और अस्कारदू सहित, (च) गिलगित-गिलगित तहसील और दुंजी सहित। कश्मीर, पुँछ और जम्मू प्रांत का शासन एक चीफ कमिश्नर के अधीन होगा, जिसकी नियुक्ति प्रधानमंत्री की सलाह से सदरे रियासत करेंगे। चीफ कमिश्नर प्रांत के प्रशासन का प्रमुख रहेगा और वह राज्य सरकार के प्रति उत्तरदायी होगा। प्रत्येक चीफ कमिश्नर के अधीन मंत्री परिषद् होगी जो प्रांतीय अनुसूची में वर्णित विषयों के संबंध में उसे सलाह देगी। मंत्री परिषद् प्रांतीय विधानसभा के प्रति उत्तरदायी होगी। विधानसभा का निर्वाचन प्रति साठ हजार निवासियों पर एक सदस्य के हिसाब से होगा। मतदाताओं को अपने प्रतिनिधि वापस बुलाने का अधिकार होगा। प्रांतीय विधानसभा को प्रांत का बजट स्वीकार करने का भी अधिकार है, जो बाद में राज्य के बजट के साथ सम्मिलित कर लिया जाएगा। लद्दाख और गिलगित के प्रदेशों के लिए एक रीजनल कमिश्नर नियुक्त होगा। उसको सलाह देने के लिए प्रति दस हजार निवासियों पर एक सदस्य के हिसाब से एक प्रादेशिक समिति निर्वाचित होगी। यह समिति सलाहकार समिति के रूप में काम करेगी। कश्मीर, पुँछ और जम्मू प्रांत के प्रत्येक जिले की एक जिला समिति होगी, जिसका निर्वाचन बीस हजार निवासियों पर एक सदस्य के हिसाब से होगा। जिला समिति डिप्टी कमिश्नर की सलाहकार समिति के रूप में काम करेगी तथा जो प्रस्ताव वह चाहे पास करके राज्य या प्रांतीय सरकार के पास सिफारिश के रूप में भेज सकती है। राज्य विधानसभा नया जिला या प्रांत बना सकती है, उन्हें घटा-बढ़ा सकती है। उनकी सीमाएँ बदल सकती है। गिलगित और मीरपुर, मुजफ्फराबाद, कश्मीर में मिलने तक राज्य संघ की केवल तीन ही इकाइयाँ होंगी—कश्मीर और जम्मू प्रांत तथा लद्दाख का जिला। तब तक सभी जिला कौंसिल में एक तिहाई सदस्य सरकार द्वारा नामजद रहेंगे। प्रत्येक जिला कौंसिल अपनी कार्यपालिका निर्वाचित करेगी, जो सलाहकार समिति के रूप में काम करेगी। कोई भी जिला एक प्रस्ताव द्वारा तीन वर्ष के बाद निर्णय कर सकता है कि वह एक प्रांत से दूसरे प्रांत में जाएगा अथवा सीधा राज्य सरकार से प्रशासित हो। राज्य सरकार भी एक आयोग की रिपोर्ट के बाद किसी भी जिले या प्रांत की सीमाएँ बदल सकती हैं।

भाग 16 के अनुसार संविधान में संशोधन राष्ट्रीय महासभा के दो तिहाई बहुमत से किया जा सकता है, किंतु प्रांतीय विधानसभाओं के अधिकार और कार्यों से संबंधित संशोधन उन विधानसभाओं के दो तिहाई सदस्यों द्वारा पारित होने पर ही स्वीकृत होंगे।

यह विधान भारतीय संविधान से पृथक् होने के कारण भारत की मौलिक एकता के लिए घातक तो है ही, किंतु स्वयं भी अनेक दृष्टियों से आपत्तिजनक है। भारतीय संविधान

के मौलिक अधिकारों को कश्मीर पर लागू करने के बजाय कश्मीर के संविधान में ही मौलिक अधिकारों का भाग जोड़ना प्रकट करता है कि कश्मीर-राज्य भारत का अविभाज्य अंग नहीं बल्कि एक नए पाकिस्तान के रूप में बना हुआ है। अंतर यही है कि उसकी रक्षा की जिम्मेदारी हमारी है और शेख अब्दुल्ला लियाकत अली के समान भारत को घूँसा न दिखाकर मुहम्मद अली के समान नेहरूजी को बड़ा भाई कह देते हैं। चाहिए तो यह था कि भारतीय संविधान के वे सभी भाग जिनके संबंध में जुलाई 1952 में विचार हो चुका है, जम्मू और कश्मीर राज्य पर लागू कर दिए जाते और उस राज्य के लिए यदि कोई विशेष प्रबंध करने की आवश्यकता है तो भारतीय संसद् में तत्संबंधी संवैधानिक संशोधन पारित कर दिया जाता किंतु शेख साहब ने तो जुलाई समझौते को भी ठुकरा दिया है। हाँ, इस प्रारूप से जम्मू प्रजा परिषद् की माँगों को स्वीकार करने का दिखावा अवश्य किया गया है। क्योंकि (क) जम्मू को प्रांतीय स्वायत्त सत्ता दी गई है, यद्यपि उस सत्ता का अधिकार क्षेत्र भारत की किसी नगरपालिका से भी गया बीता है। (ख) डोडा जिले को जम्मू से अलग नहीं किया गया, यद्यपि भविष्य में उसको अलग करने के बीज जरूर बो दिए गए हैं। हम समझते हैं कि चालीस लाख लोगों के एक छोटे से राज्य का संघीय विधान बनाना और फिर उसका भारत संघ के साथ केवल तीन मामलों में संबद्ध करना एक ऐसा प्रयोग है जो दुनिया के अन्य किसी भाग में देखने को नहीं मिलता। भारत की आत्मा को एकता चाहती है और इसीलिए अंग्रेजों की तमाम कोशिशों के बाद भी हमने सन् 1935 के संविधान के फेडरेशन वाले भाग को स्वीकार नहीं किया तथा स्वतंत्र होने के बाद भी जो विधान बनाया उसके ऊपर यद्यपि फेडरेशन की कुछ छाप रही, परंतु हमने तो भी उसे एकत्व का जामा पहनाने का प्रयत्न किया और भारत को एक 'फेडरेशन ऑफ स्टेट्स' के स्थान पर 'यूनियन ऑफ स्टेट्स' बनाया। हमारे संविधान के अनुसार हमारी संपूर्ण जनता की शक्ति हमारी केंद्र सरकार में निहित है। प्रांतों को वही शक्ति प्राप्त है जो केंद्र देता है और अवशेष प्रभुता केंद्र को प्राप्त है, किंतु कश्मीर में चक्र उलटा चला जा रहा है, क्या इसके बाद भी हम यह समझें कि शेख अब्दुल्ला ने राष्ट्रवादी मनोवृत्ति का परिचय दिया है। सच तो यह है कि लौहपुरुष सरदार पटेल के निधन, नेहरूजी की संतुष्टीकरण की नीति और संयुक्त राष्ट्रसंघ में कश्मीर के प्रश्न की उपस्थिति से उत्पन्न परिस्थिति का अनुचित लाभ उठाकर, जो कभी भी राष्ट्र भक्तिपूर्ण नहीं हो सकता, शेख अब्दुल्ला एक तीसरे राष्ट्र का निर्माण कर रहे हैं। सत्य प्रकट हो गया है, अब यह भारत की जनता को निर्णय करना है कि वह उस सत्य का मुकाबला करती है अथवा आँखें बंद कर सत्य को देखने से इनकार करती है।

(पाञ्चजन्य, 11 मई, 1953)

□

अप्राप्य भाषण

पं. दीनदयाल उपाध्याय का पाञ्चजन्य में प्रकाशित संक्षिप्त भाषण
(जनसंघ-अखिल भारतीय अधिवेशन, भोपाल, दिसंबर 1962)

अंतिम विजय सर्वस्व की बलि माँगती है

'पन्ना धाय के समान अपने सर्वस्व की बलि चढ़ाकर विरासत में मिले राष्ट्र के स्वातंत्र्य का हम संरक्षण करें' यह उद्घोष जनसंघ के महामंत्री पं. दीनदयाल उपाध्याय ने भोपाल में आयोजित जनसंघ के अ.भा. अधिवेशन में उपस्थित प्रतिनिधिगणों का आवाहन करते हुए किया था। उक्त भाषण संक्षिप्त रूप से यहाँ प्रस्तुत है। सं.—

राष्ट्र के सम्मुख विद्यमान कम्युनिस्ट चीन के आक्रमण से उत्पन्न भीषण परिस्थिति पर शांत चित्त से विचार कर हमें कुछ महत्त्वपूर्ण निर्णय लेने होंगे; परंतु उन निर्णयों की सार्थकता इसी में होगी कि हम प्रत्येक भारतवासी को संकट से परिचित कराएँ। हमें यह भी ध्यान रखना होगा कि हमने राष्ट्र के सम्मुख विद्यमान संकट के संबंध में सरकार को जो चेतावनी एवं उसका निराकरण करने के लिए जो व्यावहारिक सुझाव दिए हैं वे तभी प्रभावी हो सकेंगे और भारतीय प्रशासन उस पर अमल करने को तभी सिद्ध हो सकेगा जब वह देखेगा कि संपूर्ण देश खड़ा हो गया है। अतः हमारे लिए केवल इतने से ही संतोष करने का कोई कारण नहीं है कि हम भारत का विचार लेकर चले हैं। उनकी परिस्थिति में इससे आगे बढ़कर हम भारतीय जनता के मानस को पहचानकर उसकी प्रतिनिधित्व भी कर सकें, इस दृष्टि से हमें अपनी तैयारी करनी चाहिए।

शांत न बैठेंगे

फलस्वरूप हमारी जिम्मेदारियाँ भी बढ़ जाएँगी। हमें शासन को दृढ़ एवं जनता को जागरूक बनाना होगा और यह देखना होगा कि दुर्भाग्यपूर्ण इतिहास की पुनरावृत्ति न

होने पाए। केवल यह कह देने मात्र से कि हमने पहले ही चेतावनी दी थी, हमारा कर्तव्य पूर्ण नहीं हो जाता। हमें स्मरण रखना होगा कि यदि शत्रु आगे बढ़ता है तो उसके परिणाम केवल प्रशासन अथवा सत्तारूढ़ पक्ष को ही नहीं संपूर्ण राष्ट्र को भुगतने होंगे। पर हमने संकटकाल में सरकार को सब प्रकार का सहयोग देने का आश्वासन देते हुए युद्ध की माँग की है, इसीलिए हमें अपने कर्तव्य एवं उत्तरदायित्व को पहचानकर यह घोषणा करनी होगी कि न हम स्वत: शिथिल होंगे और न प्रशासन अथवा जनता को ही शिथिल होने देंगे।

शिथिलता का अर्थ आत्मघात

'शांति-शांति' की रट लगानेवाले भारतीय कम्युनिस्ट अपने आका रूसी कम्युनिस्ट पार्टी के मुखपत्र 'प्रवदा' से यह संकेत ग्रहण कर कि भारतीय जनता एवं भारतीय कम्युनिस्ट राष्ट्रवाद के शिकार न बनें, उन्होंने अपने षड्यंत्र प्रारंभ कर दिए हैं। प्रधानमंत्री के व्यक्तित्व की आड़ में उन्होंने शांति और समझौते की रट लगाई है वह युद्ध-प्रयत्नों को शिथिल बनाने का अपराधी है और उसके विरुद्ध कठोरतम काररवाई की जानी आवश्यक है। इसका कारण यह है कि शांति और समझौते की भाषा बोलने का परिणाम यह होगा कि भारतीय जनमानस में जो अदम्य राष्ट्रीय चेतना आज जगी है वह सुप्त हो जाएगी और हमारे युद्ध-प्रयत्नों में शिथिलता आ जाएगी। इसका दूसरा अर्थ आत्मघात भी हो सकता है। अत: हम राष्ट्र को और प्रशासन को शिथिल न होने दें और समाज में व्याप्त चैतन्य को सुसंगठित कर प्रचंड सामर्थ्य खड़ा करें।

षड्यंत्र सफल न होने पाएँ

कम्युनिस्ट पार्टी और देश के अन्य राजनीतिक दलों में मूलभूत अंतर है। देश के अन्य सभी दल इस देश को मातृभूमि मानकर चलते हैं। उनका प्रेरणास्रोत यही पावन मही है। इसके विपरीत कम्युनिस्ट देश के बाहर से प्रेरणा ग्रहण करते हैं। वे प्रस्ताव चाहे जैसे क्यों न पारित करें, परंतु उन्हें सदैव रूस और चीन के हितों की चिंता भारत से अधिक रहती है। अत: आज जनसंघ, प्र.स. दल, समाजवादी दल अथवा कांग्रेस के बीच विद्यमान मतभेदों की खाई चौड़ी न कर उन्हें भुलाने की आवश्यकता है और भारतीय राजनीति में कम्युनिस्टों को बिलकुल अकेला कर देने की नीति का अवलंबन करना होगा जिससे उनके राष्ट्रद्रोहितापूर्ण षड्यंत्र सफल न होने पाएँ।

RADIOS

रूसवादी बनाम चीनवादी

हमें यह बात भली प्रकार समझ लेनी चाहिए कि अंततः हमें कम्युनिस्टों से ही निपटना होगा, क्योंकि उनका इतिहास राष्ट्रदोही घटनाओं से भरा पड़ा है। इसी प्रकार हमें रूसवादी कम्युनिस्ट अथवा चीनवादी कम्युनिस्टों के पचड़े में भी पड़ने की जरूरत नहीं--कारण, कल यदि युद्ध पुनः चलता है तो डांगेवादी कामरेड भी हमें युद्ध-लोलुप कहने से चूकेंगे नहीं।

कम्युनिस्टों को 'अकेला' करें

इसीलिए आज हमें विभिन्न राजनीतिक दलों के मतभेदों, मत-मतांत एवं पूर्वग्रहों को छोड़कर सभी राष्ट्रीय शक्तियों को एकत्रित कर अंतरराष्ट्रीय जगत में कम्युनिस्ट चीन को एकाकी करने की नीति के अनुसार ही राजनीतिक क्षेत्र में कम्युनिस्ट पार्टी को अकेला कर देने की नीति अपनानी चाहिए। पर यदि कोई पक्ष अथवा व्यक्ति हमारे इस प्रयत्न में पूर्णतः हमारे साथ नहीं आता तो भी उसे कम्युनिस्ट पार्टी का समर्थक बता-बताकर कम्युनिस्टों के चंगुल में नहीं ढकेल देना चाहिए।

राष्ट्रवादी तत्त्व संगठित हों

कम्युनिस्ट केवल बाह्य आक्रमण द्वारा ही किसी देश को अपने कब्जे में नहीं लाते, वह दलाईलामा को अपदस्थ करने के लिए पणक्षेन लामा को अपना हस्तक बनाते हैं। अतः क्या आश्यर्च यदि कल को कम्युनिस्ट चीन भारतीय कामरेडों की एक प्रतिद्वंद्वी सरकार का गठन कर उसकी सहायता करते हुए युद्ध चलाने का प्रयत्न करे। उक्त परिस्थिति में युद्ध केवल मोरचे तक ही सीमित नहीं रह जाएगा वरन् राष्ट्र के जिस हिस्से में भी कम्युनिस्ट होगा वह भारत को पराधीन बनाने का प्रयास करेगा। उस समय राष्ट्रवादी शक्ति यदि संगठित नहीं हुई तो उनका मुकाबला करना कठिन होगा। अतः यह समय पारस्परिक छिद्रान्वेषण करने, अपने को शुद्ध राष्ट्रवादी और दूसरों को मिश्रित राष्ट्रवादी समझने का नहीं वरन् राष्ट्रवाद के आधार पर भारत की बिखरी हुई राष्ट्रीय शक्ति को एकवत लाने का है।

सक्रियता आवश्यक

कम्युनिस्टों द्वारा भारत की भोली-भाली निर्धन एवं गरीब जनता की दुरावस्था और अज्ञानता का लाभ उठाकर उन्हें अपना हस्तक बनाने के कारनामों का केवल रोना

रोने मात्र से भी काम न चलेगा। आज हमें इस क्षेत्र में भी प्रवेश कर रिक्शावाले, मजदूर, किसान, आदिवासी एवं बनवासी वर्ग की समस्याओं का अध्ययन कर उन्हें सुलझाने का प्रयास करना होगा और तब कम्युनिस्टों का कुचक्र स्वतः समाप्त हो जाएगा।

विधायक कार्यक्रम

युद्ध प्रयत्नों में हमें स्थान-स्थान पर राष्ट्रीय सुरक्षा कोष में अधिकाधिक धन एकत्र कराने का प्रयास कराना चाहिए। सेना के जवानों के पास यथासंभव स्वेटर आदि भिजवाने की व्यवस्था करनी चाहिए। यह ठीक है कि एक स्वेटर से युद्ध नहीं जीता जा सकता। पर बूँद-बूँद से तालाब भरता है यह भी हम स्मरण रखें और यदि संपूर्ण देश में सेना के जवानों के लिए आत्मीयता उत्पन्न हो जाए तो वह लाखों स्वेटर एकत्रित करा देगी। इस प्रकार के कार्यों से संपूर्ण समाज में शत्रु का प्रतिकार करने की भावना जगती है और सेवा का उत्साह एवं मनोबल बढ़ता है तथा जवान यह अनुभव करते हैं कि उनके पीछे संपूर्ण राष्ट्र खड़ा हुआ है।

सत्तारूढ़ दल के वश का नहीं

धन संग्रह आदि के कार्य में सत्तारूढ़ दल यदि उसका लाभ दलगत स्वार्थ के लिए न उठाता एवं तेजपुर से लौटने के बाद श्रीमती इंदिरा गांधी कांग्रेस सेवा दल आदि की प्रशंसा न कर कम-से-कम इस समय दलगत स्वार्थ की दृष्टि से न सोचती तो उचित होता। परंतु यदि वह अपना कर्तव्य पूर्ण करने के लिए सिद्ध नहीं तो भी हम पीछे न रहें और सरकारी समितियों को सहयोग दें क्योंकि हमारा उद्‌देश्य तो चीनियों को मार भगाना है। कोई भाषण में कुछ भी कहे समाज तो कार्य देखता है। और हम जानते हैं कि परिश्रम करना शासनारूढ़ पक्ष के बस की बात नहीं है, अतः नाम की चिंता न कर हम अपना सक्रिय सहयोग दें।

सरकार का मुँह न देखें

राष्ट्रीय कर्तव्य के रूप में सेवा-सुश्रुषा, आग बुझाने एवं प्राथमिक उपचार करने आदि के साथ सैनिक शिक्षा लेना अनिवार्य हो गया है। पर सैनिक शिक्षा एवं राइफल ट्रेनिंग के पूर्व कदम मिलाकर चलना भी अधिक महत्त्वपूर्ण है और इस कार्य के लिए सरकार का मुँह न देखते रहकर हम स्वतः आगे बढ़ें। इसी प्रकार निर्दलीय आधार पर

सेना में जवानों की भरती करने के साथ इन युवकों का सार्वजनिक अभिनंदन करने से उनका हौसला बढ़ेगा, उन्हें प्रेरणा मिलेगी।

इस प्रकार के कार्यक्रमों का आयोजन कर हम जवानों को आश्वस्त कर सकते हैं कि वे अपने परिवार, खेती, घर और बच्चों की चिंता से मुक्त होकर मोरचे पर आगे बढ़ें और समाज तथा सरकार द्वारा उनके तथा उनके बच्चों की शिक्षा-दीक्षा आदि की चिंता आगे बढ़कर की जाएगी।

विजयश्री प्राप्त करेंगे

समय की आवश्यकता पहचानकर राष्ट्र-जागरण के लिए अधिकाधिक और पूर्ण समय देकर कार्य करनेवालों की आवश्यकता है। उसकी पूर्ति की दृष्टि से हमें आगे बढ़कर ग्राम-ग्राम में फैलकर समाज में आशा एवं विश्वास का संचार करना चाहिए और राष्ट्रद्रोहियों द्वारा पं. नेहरू को च्यांगकाई शेक बनाने के षड्यंत्र का पर्दाफाश करते हुए यह स्पष्ट रूप से घोषणा करनी चाहिए कि चीन के उक्त दुर्भाग्यपूर्ण परिच्छेद की पुनरावृत्ति भारत भूमि में न होने दी जाएगी। हमारे सामने उस पन्ना धाय का आदर्श है जिसने उदयसिंह की रक्षार्थ अपने कलेजे पर पत्थर रखकर अपने पुत्र की ही बलि चढ़ा दी थी। वसीयत के रूप में प्राप्त राष्ट्र की अस्मिता, अखंडता और विश्व में सर्वश्रेष्ठ भारतीय संस्कृति एवं जीवन-दर्शन की रक्षार्थ बड़े से बड़ा बलिदान करने से हम न चूकें। कम्युनिस्ट भले हमें अपने मार्ग का काँटा समझते हों परंतु भारत की इस राष्ट्रीय प्रतिरोध की शक्ति के सम्मुख उनके गर्हित मंसूबे और षड्यंत्र सफल न होने पाएँगे और अंततः इस संघर्ष में हम विजयश्री प्राप्त करके ही दम लेंगे।

(पाञ्चजन्य, 21 जनवरी, 1963)

□

~*~

पं. दीनदयाल उपाध्याय का अंतिम भाषण
(4 फरवरी, 1968, बरेली, उ.प्र.)

राष्ट्र के गौरव में ही हमारा गौरव है

"प्रत्येक राष्ट्र अपने वैभव की कामना लेकर ही प्रगति करता है। वैभव की यह कामना अत्यंत स्वाभाविक है, जिसमें कामना नहीं, उसे मानव कहना अनुपयुक्त होगा।

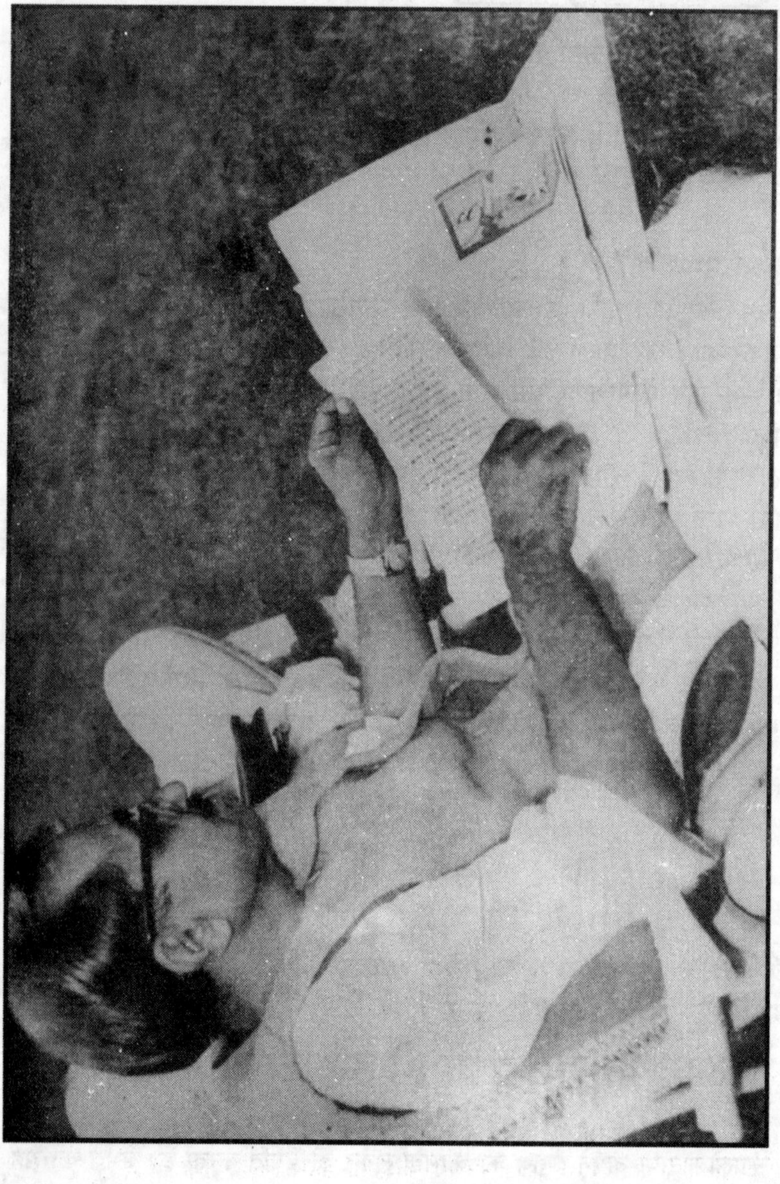

प्रत्येक ऊँचा उठना चाहता है, आगे बढ़ना चाहता है, सुखी बनना चाहता है, किंतु विचार का प्रश्न यह है कि यह सुख, यह वैभव, यह उत्कर्ष, इसका रूप क्या हो? हम जरूर ऊपर उठ रहे हैं, इसका मतलब क्या? बहुत बार लोग ऐसा समझते हैं कि व्यक्तिगत रूप से मेरा सम्मान बढ़ जाए तो हम ऊँचे हो जाएँ, परंतु जरा गहराई के साथ सोचें तो यह बात पता लगेगी कि जिस समाज में हम पैदा हुए हैं, जिस राष्ट्र के हम अंग हैं, उससे अलग होकर यह व्यक्तिगत आकांक्षा पूरी नहीं हो सकती। अगर कुछ हुआ भी तो वह अधूरा रहेगा। सर्वांगीण प्रगति अकेले नहीं की जा सकती। कारण, व्यक्तिगत जीवन नाम की चीज वास्तव में कोई चीज है ही नहीं। यह तो शायद शरीर का बंधन है जिसके कारण ऐसा अनुभव होता है कि मैं हूँ, परंतु जब हम लोग 'मैं' का विचार करते हैं तो हममें से प्रत्येक सोचेगा कि यह 'मैं' क्या है?

मेरा नाम ही लीजिए। इस दीनदयाल के साथ मेरा 'मैं' जुड़ा हुआ है। इसके साथ बड़ा मोह भी है। इतना संबंध हो गया है कि नींद में भी अगर कोई मेरा नाम लेकर पुकारे तो यह मेरा 'मैं' एकदम जाग जाता है। क्योंकि उसके साथ 'मैं' जुड़ा है। परंतु यदि गंभीरता से पूछा जाए कि यह नाम आया कहाँ से, तो पता लगेगा कि समाज में यह नाम प्रचलित है, यह नाम समाज से प्राप्त हुआ है। यह नाम केवल मेरा अपना नहीं और इसलिए जिस समाज में जो जाता है, उस हिसाब से उसे नाम प्राप्त हो जाता है।

समाज से हमारा संबंध नाम के साथ ही हो जाता है। माता-पिता का संबंध जन्म से, किंतु नाम का संबंध एकदम समाज से जुड़ गया है। आप किस समाज के हैं, क्या बोलते हैं, यह भी ज्ञात हो जाता है।

जो भाषा मैं प्रयोग कर रहा हूँ, वह मेरी नहीं, मुझे किसी ने दी है। इसे मातृभाषा कहते हैं, क्योंकि सबसे पहले माँ ही भाषा सिखाती है। परंतु माँ अकेले नहीं है, समाज भी है। यह भाषा समाज से आई, विचार करने की पद्धति समाज से आई, अच्छा-बुरा क्या है, यह समाज से आया, मेरे मन में किस चीज का समाधान होगा, यह भी समाज से आता है। समाज का अप्रीसिएशन, समाज की सराहना, आदमी को बहुत बड़ी लगती है। लोग व्यक्तिगत मान-सम्मान के भूखे रहते हैं।

राष्ट्र के गौरव में ही हमारा गौरव है। परंतु आदमी जब इस सामूहिक भाव को भूलकर अलग-अलग व्यक्तिगत धरातल पर सोचता है तो उससे नुकसान होता है। जब हम सामूहिक रूप से अपना-अपना काम करके राष्ट्र की चिंता करेंगे तो सबकी व्यवस्था हो जाएगी। यह मूलभूत बात है कि हम सामूहिक रूप से विचार करें, समाज के रूप में विचार करें, व्यक्ति के नाते से नहीं। इसके विपरीत कोई भी काम किया गया तो वह समाज के लिए घातक होगा। सदैव समाज का विचार करके काम करना चाहिए।

हमारा आर्थिक, राजनैतिक, आध्यात्मिक एवं नैतिक विकास, सबकुछ समाज के साथ जुड़ा है।

हिमालय की गुफा में योगाभ्यास करके मुक्ति नहीं मिल सकती योगाभ्यास भले ही हो जाए। मुक्ति भी व्यक्तिगत नहीं, सामाजिक है, समष्टिगत है। जब समाज मुक्त होगा, ऊँचा उठेगा तो व्यक्ति भी। भगवान् ने भी अवतार लिया तो धर्म की रक्षा के लिए। भगवान् कृष्ण ने तो जीवनभर कार्य किया, उन्होंने संपूर्ण समाज को अपने सामने रखकर कर्म किया।

निष्कर्ष यह है कि समाज के लिए काम भगवान् का काम है। राष्ट्र-भक्ति यानी समाज-भक्ति ही वास्तव में भगवान् भक्ति है।

वास्तव में समष्टिवाद, यह धर्म है; राष्ट्रवाद-यह धर्म है। व्यक्ति के लिए और व्यक्ति का ही विचार करके किया गया कार्य, अधर्म है। राष्ट्र का विचार करके जो कुछ भी किया जाएगा, वह धर्म होगा।

संगठित कार्यशक्ति निश्चित रूप से विजयशाली होती है, इस बात को समझकर हम चलें। संपूर्ण समाज में यही एक भाव पैदा करना है।...राष्ट्रीयता के बाद में प्रजातंत्र आता है। राष्ट्रीयता कमजोर पड़ी तो प्रजातंत्र चल नहीं सकता। यदि राष्ट्रीयता ठीक है, तो चल सकता है, पूँजीवाद चल सकता है, हरेक वाद चल सकता है।

सभी गड़बड़ियाँ राष्ट्रभावना के अभाव के कारण होती हैं। राष्ट्र-भावना रहेगी तो पूँजीवादी भी देशहित में निर्णय लेगा। दुर्भाग्य की बात है कि इस देश के लोग इस मूल बात का विचार नहीं करते। अपना वैभव चाहते हो तो इस बात को समझो कि यह अपना राष्ट्र है, हमें इसका विचार करना है। उसी का संस्कार अपने मन में उत्पन्न करना है। राष्ट्र के नाते जो भी कार्य हो, सब हमें करना है। इसमें किसी प्रकार का भेद-भाव उत्पन्न नहीं होना चाहिए, क्योंकि प्रवृत्ति भेद-भाव उत्पन्न करती है।

हरेक अपने प्रांत, जाति के नाते खड़ा दिखाई देता है, राष्ट्र को भूल जाता है। राष्ट्र का विस्मरण हुआ तो राजनैतिक दल चल नहीं सकता। आखिर राजनीति तो राष्ट्र के लिए ही है। राष्ट्र को भूल गए तो व्यापार नहीं चल सकता, राष्ट्र को भूल गए तो विद्या-बुद्धि किसी की कीमत नहीं रहेगी। राष्ट्र के नाते खड़े होने से व्यक्ति की कीमत बढ़ जाती है।

अपने देश में बहुत से लोग मिलते हैं जो कहते हैं कि देश के लिए सबकुछ, परंतु देश के लिए जब काम करने का मौका आता है तो कहते हैं जान हाजिर है। जान ले लीजिए, बाकी सब छोड़ दीजिए।

सच बात यह है कि हम देश के लिए सदैव कुछ भी करने को तत्पर हो सकें, यह बात सहज साध्य नहीं। इसके लिए मन पर सतत संस्कार पड़ने की आवश्यकता होती

है। चार लोग मिलकर एक निर्णय से कार्य कर सकें, यह बात सहज साध्य नहीं। इसके लिए संस्कार, शिक्षण और आदत की जरूरत होती है। यदि राष्ट्र भाव हमारे सामने रहेगा, तो हम सब मिलकर काम कर सकेंगे।

—पत्रिका 'उत्तर प्रदेश संदेश'; पं. दीनदयाल उपाध्याय विशेषांक;
प्रकाशक : सूचना एवं जनसंपर्क विभाग, उत्तर प्रदेश, सितंबर 1991

□

पं. दीनदयाल उपाध्याय को तत्कालीन राष्ट्रपति डॉ. जाकिर हुसैन की श्रद्धांजलि

लो श्रद्धांजलि हे युगपुरुष

एक वे होते हैं जिनके भाई-बहिन रोते हैं।
मौत उसकी है जिसके लिए अहले वतन रोते हैं॥

—बिस्मिल

तत्कालीन राष्ट्रपति डॉ. जाकिर हुसैन—मुझे श्री दीनदयाल उपाध्याय की मृत्यु का समाचार सुनकर गहरा आघात लगा। दिवंगत नेता के परिवार के सदस्यों के प्रति मेरी गहरी सहानुभूति है।

तत्कालीन उपराष्ट्रपति श्री वी.वी. गिरि—श्री उपाध्यायजी भारत माँ के महान् पुत्र थे। उनकी मृत्यु से गहरा दुःख हुआ है। उनके निधन से एक बहुत बड़ा राष्ट्रीयतावादी एवं कर्तव्यनिष्ठ व्यक्ति भारत ने खो दिया।

तत्कालीन प्रधानमंत्री श्रीमती इंदिरा गांधी—मुझे श्री उपाध्यायजी की मृत्यु की खबर सुनकर गहरा आघात पहुँचा है। श्री उपाध्यायजी देश के राजनीतिक जीवन में एक प्रमुख भूमिका अदा कर रहे थे। उनकी ऐसी दुःखद परिस्थितियों में असामयिक और अप्रत्याशित मृत्यु से उनका कार्य अधूरा रह गया।

जनसंघ व कांग्रेस के बीच मतभेद चाहे जो हों, मगर श्री उपाध्यायजी सर्वाधिक सम्मान प्राप्त नेता थे और उन्होंने अपना जीवन देश की एकता एवं संस्कृति को समर्पित कर दिया था।

तत्कालीन उपप्रधानमंत्री श्री मोरारजी देसाई—स्व. पंडितजी से मेरा प्रत्यक्ष परिचय नहीं था, परंतु जिस अनन्य भाव से, निष्ठा से वे देश की सेवा कर रहे थे, उससे मैं परिचित था। भारतीय संस्कृति में, धर्म में, देश की अखंडता-एकता में उनकी बहुत बड़ी श्रद्धा थी और वे चाहते थे कि इस देश का विकास भारतीय-संस्कृति के अनुसार

पं. दीनदयाल उपाध्याय की अंतिम यात्रा में वरिष्ठ नेतागण (बाएँ से दाएँ)—श्री पीतांबर दास, श्री अटल बिहारी वाजपेयी, श्री बलराज मधोक, श्री लाला हंसराज तथा पं. दीनदयाल के पार्थिव शरीर के सबसे बाएँ श्री नानाजी देशमुख व सबसे दाएँ श्री सुंदर सिंह भंडारी, श्री बसंत राव ओक (दाएँ से दूसरे) एवं अन्य वरिष्ठ नेतागण

हो। धर्म, जो हमारी संस्कृति की बुनियाद है, वह प्रबल बने। इन्हीं आदर्शों की पूर्ति के लिए वे जीवन भर लगे रहे, इसी ध्येय की पूर्ति के लिए अपनी सारी शक्ति को लगा दिया। संसार (गृहस्थी) भी नहीं बसाया।

मैं समझता हूँ कि राष्ट्र-सेवा के भिन्न-भिन्न भागों पर चलते हुए मत-भिन्नता आ सकती है, परंतु मतों में अंतर होने पर भी परस्पर सज्जनता का बर्ताव करना आवश्यक होता है। तभी समाज का विकास संभव है। स्व. पंडितजी इस सज्जनता के प्रतीक थे। इस प्रकार के उदार जन-सेवक, अनन्य राष्ट्रभक्त, निष्ठावान, चारित्र्यशाली जीवन का हम अनुसरण करें और ये गुण अपने अंदर पाएँ, तभी देश ऊँचा उठ सकेगा।

तत्कालीन गृहमंत्री श्री यशवंतराव चह्वाण—पंडितजी से मेरा पुराना परिचय था, लंबी दोस्ती थी। इस परिचय से मेरे मन पर कुछ ऐसा प्रभाव पड़ा कि वे एक ऐसी हस्ती हैं कि जो काम हाथ में लेंगे उसे या तो पूरा करके रहेंगे या फिर खुद खत्म हो जाएँगे। उनके व्यक्तित्व में कुछ ऐसी ताकत थी कि वे अपने साथियों को साथ रख सकते थे और यही नहीं कि अपनी बात उन तक पहुँचा सकते थे, अपितु उनके साथी भी यह मानते थे कि वे अपने हैं। इतने अपने हैं कि उनसे कुछ भी कहा जा सकता है, हर बात की इनके यहाँ सुनवाई होगी।

लोग कहते हैं कि वे भोले-भाले थे। मैं ऐसा नहीं मानता। भोले-भाले व्यक्ति को तो कोई भी ठग सकता है, किंतु उन्हें ठगना संभव नहीं था। वे सीधे अवश्य थे। जो कहना चाहते थे, विनम्र किंतु सीधे, स्पष्ट ढंग से, सीधी जबान में कह देते थे। यही सीधापन उनके रहन-सहन, खानपान, बोलचाल में भी सदा प्रकट होता था। मैं समझता हूँ कि हमारे देश के नेताओं में इस गुण का होना अत्यंत आवश्यक है। इस तरह के गुणों से संपन्न व्यक्ति का इस देश से इतनी जल्दी चले जाना सचमुच एक बड़ा भारी अभाव ले आया है। यह देश की एक अत्यंत अपूरणीय क्षति है।

श्री प्रेमनाथ डोगरा—जिन परिस्थितियों में उनका शव पाया गया है, उसकी मैं कल्पना तक नहीं कर सकता, यह रहस्यमय है। श्री उपाध्यक्ष की मृत्यु से मेरा व्यक्तिगत नुकसान हुआ है और देश तथा उसकी एकता व अखंडता को घोर क्षति पहुँची है।

आचार्य कृपलानी—गीता में कहा है—

तेजः क्षमा धृति शौचमद्रोहो नातिमानिता।
भवन्ति संपदा दैवीमभिजातस्य भारत!

तेज, क्षमा, धैर्य, बाहर-भीतर की शुद्धि, किसी में भी शत्रु-भाव का न होना, अपने प्रति पूज्यता के अभिमान का अभाव, दैवी संपदा को प्राप्त करते हुए पुरुष के ये लक्षण हैं।

स्व. उपाध्यायजी भी ऐसी ही दैवी संपदा के स्वामी थे। ज्यादा बहस मुबाहिसे के झगड़े में न पड़कर शांत मौन भाव से काम में लगे रहते थे। बड़े ही देशप्रेमी थे। यद्यपि वे जनसंघ के प्रधान थे, परंतु वे कभी भी पार्टी-बाजी में नहीं पड़ते थे, ऐसा देशभक्त इतनी जल्दी हममें से उठ गया, यह बड़े ही दुःख की बात है।

आज कुछ ऐसी स्थिति हो गई है कि इस प्रकार के लोग चले जाते हैं, तो उनकी जगह पूरी होती नहीं, वह खाली की खाली ही रह जाती है। उस जगह को भरने के लिए हम सब लोग अपने जीवनों को ढालें, मोड़ें और उनके जैसा देशप्रेम, सेवाभाव अपने कर्तृत्व के द्वारा प्रकट करें, यही उनके प्रति वास्तविक श्रद्धांजलि होगी।

श्री जयप्रकाश नारायण—श्री उपाध्याय की मृत्यु से देश का एक योग्य और जनसंघ का सबसे बड़ा नेता छिन गया।

श्री राजेंद्र सिंह 'रज्जू भैया'—पं. दीनदयाल उपाध्याय के निकट बैठने पर ब्रह्मपुत्र-जैसी महानदी के तट पर बैठकर हहराते, घबराते और मन को आतंकित करनेवाले जल के प्रचंड प्रवाह का अनुभव नहीं होता था, अपितु कलकल-झलझल करते सहज गति से

बहते शीतल निर्झर में स्नान करने का आनंद मिलता था। अर्थात् वे गूढ़ विषय के प्रतिपादन करते समय भी उसे बौद्धिक बोझिलता से दुरूह नहीं होने देते थे, बल्कि अत्यंत सरल और सहज ढंग से प्रतिपादित करते थे—जिससे मन और मस्तिष्क दोनों को वैचारिक ऊर्जा और दिशा प्राप्त होती थी।

श्री लालकृष्ण आडवाणी—पं. दीनदयाल उपाध्याय के असाधारण व्यक्तित्व में सहजता, चिंतन में मौलिकता और अद्‌भुत क्षमता थी। उन्होंने राजनीति में मूल्यों को सर्वाधिक महत्त्व दिया था। वह राजनीति को नैतिकता से जोड़ना चाहते थे।

डॉ. मुरली मनोहर जोशी—पं. दीनदयाल एक व्यक्ति मात्र नहीं थे। व्यक्तित्व एवं कृतित्व का अद्‌भुत समन्वय यदि कहीं देखना हो, तो उनका जीवन उसका जाज्वल्यमान प्रतीक था। दर्शन एवं वर्तन, विचार एवं आचार, वृत्ति एवं कृति में यदि कहीं अभेद और संगीत का साक्षात्कार करना हो, तो स्व. पं. दीनदयालजी के जीवन-चरित्र से अधिक उत्तम उदाहरण ढूँढ़ना संभव न होगा।

श्री बाबा साहब आपटे—पं. दीनदयालजी के परिवार में कोई बीमार था। बीमारी क्या थी, स्मरण नहीं। किंतु काफी लंबे अरसे से चिकित्सा चल रही थी। हकीम, कविराज और डॉक्टर कोई यशस्वी नहीं हुआ। पं. दीनदयालजी ने चिकित्सा एवं सेवा का भार अपने ऊपर से लिया था। घरवालों को उनकी बुद्धिमत्ता और कर्तव्य का पूरा भरोसा था।

पं. दीनदयालजी ने प्राकृतिक चिकित्सा पद्धति से उपचार करने का निर्णय लिया। उसके लिए उन्होंने कई ग्रंथ पढ़ा। कॉलेज की पढ़ाई में अथवा कर्तव्यनिष्ठ स्वयंसेवक के रूप में संघ कार्य पर यत्किंचित भी आँच न आने देते हुए यह नया भार पंडितजी स्वयं वहन कर रहे थे। अपने भावी जीवन की नींव इस प्रकार ईश्वरप्रदत्त बुद्धिमत्ता और अविश्राम परिश्रम के द्वारा मानो वे तैयार कर रहे थे। धीरे-धीरे सैकड़ों को आधार देनेवाले किसी वट-वृक्ष के समान वे अपना जीवन बना रहे थे। उनकी प्रतिभा असामान्य थी और उद्योग करने की शक्ति विलक्षण!

जनसंघ-कार्यसमिति की श्रद्धांजलि—भारतीय जनसंघ कार्यसमिति की बैठक आज एक भयानक राष्ट्रीय दुर्भाग्य की कराल छाया में हो रही है। जनसंघ की स्थापना के बाद यह पहला ही अवसर है जब कार्यसमिति का मार्ग-दर्शन करने के लिए श्री उपाध्याय हमारे बीच में नहीं हैं। जिन्हें काल के क्रूर हाथों ने अपने एक क्रूर अप्रत्याशित प्रहार से हमारे मध्य से उठा लिया है और आज हम उनकी मृत्यु पर शोक प्रकट करने और उनकी पावन स्मृति में अपनी श्रद्धांजलि अर्पित करने एकत्र हुए हैं।

श्री उपाध्याय एक महान् देशभक्त, कुशल संगठनकर्ता, मौलिक विचारक, दूरदर्शी राजनीतिज्ञ और प्रसिद्ध साहित्यकार थे। सादा जीवन और उच्च विचार की जीती-जागती प्रतिमा 'श्री उपाध्याय' भारत की सनातन संस्कृति के प्रतिनिधि और संदेश-वाहक थे। उनका संपूर्ण जीवन राष्ट्र के लिए समर्पित था, उनके देहावसान से सार्वजनिक जीवन की जो क्षति हुई है, वह अपूरणीय है।

पंडितजी के बिना जनसंघ की कल्पना करना ही कठिन है। जब से जनसंघ के संस्थापक डॉ. मुकर्जी ने उन्हें महामंत्री के पद पर मनोनीत किया, वे जनसंघ के प्रेरणा-स्रोत तथा उसके संगठन के आधार रहे। थोड़े ही वर्षों में देश के राजनैतिक जीवन में जनसंघ ने जो प्रमुख स्थान प्राप्त किया है, उसका श्रेय यदि किसी एक व्यक्ति को है, तो वह श्री उपाध्याय हैं।

उनका निःस्वार्थ जीवन, उनकी आदर्शवादिता, उनकी अनुशासन-प्रियता, सबको साथ लेकर चलने की क्षमता, लाखों कार्यकर्ताओं के लिए उदाहरण बन गई और उन्हें आगे बढ़ने के लिए निरंतर प्रेरणा देती रहेगी।

जिन परिस्थितियों में श्री उपाध्याय की मृत्यु हुई वे हृदयविदारक तथा गंभीर रूप से चिंताजनक हैं। जिस दशा में उनका शव मुगलसराय रेलवे प्लेटफॉर्म से थोड़ी दूर पर पड़ा पाया गया, वह संदेहों और आशंकाओं से परिपूर्ण है। अभी तक जो तथ्य उपलब्ध हुए हैं, वे इस बात की ओर संकेत करते हैं कि उनकी मृत्यु किसी दुर्घटना के कारण नहीं हुई, अपितु हत्या का यह स्पष्ट मामला है। यह तो एक उच्च स्तरीय एवं विस्तृत जाँच से ही पता चल सकता है कि यह जघन्य कृत्य किस उद्देश्य से किया गया और इसके लिए कौन उत्तरदायी है? उत्तर प्रदेश सरकार ने संपूर्ण कांड की जाँच का आदेश दिया है, किंतु कार्यसमिति अनुभव करती है कि चूँकि उस दुःखद कांड से रेलवे विभाग भी संबंधित है, अतः केंद्रीय सरकार को स्वतः भी इस मामले की पूरी छानबीन करनी चाहिए।

भारतीय जनसंघ कार्यसमिति दिवंगत नेता के प्रति अपनी श्रद्धांजलि भेंट करते हुए स्वयं को उन आदर्शों के लिए पुनः समर्पित करती है, जिनके लिए पंडितजी जिए, जुटे और मृत्यु को प्राप्त हुए।

—पं. दीनदयाल उपाध्याय महाप्रस्थान; तनसुखराम गुप्त; सूर्य भारती प्रकाशन, दिल्ली, 2011; पृ. 74-77 एवं पत्रिका 'उत्तर प्रदेश संदेश', पं. दीनदयाल उपाध्याय विशेषांक; प्रकाशक— सूचना एवं जनसंपर्क विभाग, उत्तर प्रदेश, सितंबर 1991, पृ. 89-92

□

पं. दीनदयालजी के अवसान पर प्रियजनों के उद्‍गार

मात्र 52 की उम्र में पं. दीनदयालजी की असामयिक मृत्यु से देश को अपूरणीय क्षति पहुँची थी। इस क्षति से केवल जनसंघ ही नहीं बल्कि पूरे देश की राजनीति को बड़ा आघात पहुँचा था। पं. दीनदयालजी की दुःखद मृत्यु से आहत हुए राष्ट्रीय स्वयंसेवक संघ के तत्कालीन द्वितीय सरसंघचालक श्री माधवराव सदाशिव गोलवलकर 'गुरुजी' तथा निकटतम सहयोगियों के उद्‍गार निम्नवत प्रस्तुत हैं। सं.—

'यद्यपि एक के बाद एक आगे आता रहेगा'

—श्री माधवराव सदाशिव गोलवलकर 'गुरुजी'

मन में बड़ा विवाद छा गया है। क्या हुआ होगा और किस प्रकार से यह मर्मबेधी घटना घटी होगी, इसका तो पता लगानेवाले लगाएँगे। कुछ भी पता लगे, अपने संघ का एकनिष्ठ कार्यकर्ता उठ गया। जीवन के यौवन में आगे अनेक प्रकार से कार्य करने की क्षमता उनकी बढ़ती ही जा रही थी, परंतु अब उस समृद्ध क्षमता का लाभ प्राप्त होने की संभावना नहीं रही।

दो-तीन दिन पहले मैं मिला था। बड़े आनंद और प्रेम से बातचीत हुई थी। मैंने पूछा था, 'तुम्हारा आगे का क्या कार्यक्रम है? कहाँ मिलोगे?' उन्होंने कहा, "मैं पटना जा रहा हूँ। कुछ दिन बाद कानपुर में मिलूँगा।" पटना पहुँचने के पूर्व ही यह कांड हो गया।

आदर्श स्वयंसेवक

बाल्यकाल अर्थात् छात्रजीवन से ही स्वयंसेवक के नाते जो अपने कर्तव्य का बोध प्राप्त कर लेते हैं और समग्र जीवन की शक्ति संघ-कार्यार्थ ही समर्पित करनेवाले

जो थोड़े से लोग रहते हैं, उनमें उनका बड़ा स्थान था। संघ के स्वयंसेवक से अपेक्षा रहती है कि वह अपने अंदर स्वयंसेवक के सब गुण कायम रखे, अपने संगठन का ध्यान रखे, तथा उसके भिन्न-भिन्न कार्यक्रमों की महत्ता को हृदय में जागृत रखकर उनमें सम्मिलित होता रहे और उसे यदि अन्य कोई काम भी करने के लिए दिया जाए, तो वह परिश्रम से निभाए, यह कार्य किसी भी क्षेत्र का क्यों न हो। उनको (दीनदयालजी को) राजनीति में काम करने के लिए कहा गया और उन्होंने वह किया। कितनी योग्यता से किया, उसकी कल्पना कुछ लोगों को होगी; परंतु यदि अब यह कहा जाए कि अब भारतीय जनसंघ के नाम से देश में जो राजनीतिक संगठन खड़ा है, वह उनकी योजनाबद्ध परिश्रमशीलता का ही परिणाम है, तो अत्युक्ति न होगी, जनसंघ में बहुत से लोग बोलनेवाले रहे, बहुत से दौड़-धूप करनेवाले रहे, बहुत से केवल शोभा देनेवाले रहे, परंतु नींव के पहले पत्थर से काम प्रारंभ करके इतनी ऊँची मर्यादा तक कार्य पहुँचाने का श्रेय यदि विशेषत: किसी व्यक्ति को है, तो उन्हीं को देना पड़ेगा।

वे उसके सर्वोच्च पद पर भी पहुँचे। यद्यपि मेरी इच्छा नहीं थी कि वे अध्यक्ष-पद ग्रहण करें और उनकी भी इच्छा नहीं थी। मुझे उनसे कहना पड़ा था कि थोड़े समय के लिए, साल भर के लिए, आपद्धर्म के रूप में अध्यक्ष-पद स्वीकार कर लो इसलिए उन्होंने इस पद को स्वीकार किया; नहीं तो स्वीकार करनेवाले नहीं थे। उन्हें मान-मान्यता या पद की लिप्सा नहीं थी और इसलिए उनके मन में अध्यक्ष-पद स्वीकार करने की बिलकुल इच्छा नहीं थी। मैं भी नहीं चाहता था, परंतु किसी-न-किसी परिस्थिति के कारण मुझे भी एक प्रकार से बाध्य होकर उन्हें पद-ग्रहण के लिए कहना पड़ा था और मेरे कहने के कारण स्वयंसेवक जिस तरह निर्देश-आदेश का पालन करता है, इसी नियम के अनुसार उन्होंने उसका पालन किया।

उनकी अध्यक्षता के समय थोड़े दिनों में ही जन-मानस के ऊपर बड़ा अच्छा परिणाम दिखाई पड़ा। बड़े-बड़े विरोधी भी सोचने लगे कि अंततोगत्वा देश की बागडोर सँभालनेवाला यही राजनीतिक (जनसंघ का) कार्य है। कुछ लोग यह भी कहने लगे कि इनके पीछे राष्ट्रीय स्वयंसेवक संघ की जो शक्ति है, वह व्यक्ति के रूप में मूर्तिमान् खड़ी है।

तीन बलिदान

ऐसा दिखाई देता है, जनसंघ का निर्माण कुछ बड़ी ही कठिन स्थिति में हुआ है। उसका भाग्य खराब है। पहले उसके अध्यक्ष डॉ. श्यामाप्रसाद मुकर्जी थे, उनकी एक प्रकार से राजनीतिक हत्या हुई। फिर उसके बाद बड़े भाग्य से डॉ. रघुवीर प्राप्त हुए। वे भी बड़े योग्य पुरुष थे। उनके कारण विदेशों में भी इस राजनीतिक क्षेत्र का बोलबाला

हो सकता था और प्रभाव निर्माण हो सकता था, किंतु थोड़े ही दिनों में उनका अपघात हो गया और इसके बाद सर्वांग-परिपूर्ण कार्य करनेवाला जो अध्यक्ष (दीनदयालजी) प्राप्त हुआ, वह अब इस प्रकार गया।

मैं काशी गया था, उनके शरीर को देखने के लिए। विमान से शरीर को विदा करने के बाद यहाँ आया; परंतु मैंने आँसू नहीं बहाए। कुछ पता नहीं लोगों ने मेरे बारे में क्या समझा होगा। अपने पुराने सुभाशितों में यह वचन आता है कि जो कार्यार्थी है, वह दुःख और सुख इन दोनों को अवहेलित करके काम करता है—'मनस्वी कार्यार्थी गणयति न दुःखम् न च सुखम्।' भगवत्कृपा से मेरे मन की शायद ऐसी ही कुछ स्थिति बन गई है और मैं उसको पचाकर चलने के लिए प्रस्तुत हुआ हूँ। अब दूसरा कोई भी उतनी योग्यता से कार्य उठाने के लिए आगे नहीं आएगा, ऐसी कोई बात नहीं है। कार्य बड़ा है, संगठन का कार्य है, अनेक कार्यकर्ताओं की परंपरा विद्यमान है, जो एक के बाद एक आगे आते रहेंगे। कोई स्थान रिक्त नहीं रहेगा और मुझे पूर्ण आशा है कि ऐसा ही होगा। इस संबंध में अधिक नहीं बोलता, जितना बोलूँ थोड़ा ही है। सहना तो पड़ेगा ही।

इतना बोलने के लिए भी मन के ऊपर नियंत्रण रखने में बहुत परिश्रम करना पड़ा। ईश्वर की कृपा से नियंत्रण रख सका, उसका परिणाम शरीर की थकावट के रूप में बहुत अधिक हुआ। मैं प्रत्यक्ष करुण दृश्य देखकर आया हूँ, इसलिए सोचा कि इसका उल्लेख सबके सामने कर दूँ।

सर्वांग परिपूर्ण योग्यता

हममें से प्रत्येक यह अनुभव करे कि उनकी जैसी सर्वांग परिपूर्ण योग्यता अपने अंदर भी आए। उनकी तरह दायित्व निभाने की योजना हर एक को बढ़ानी चाहिए। मेरे कहने का यह अर्थ नहीं लगाना चाहिए कि मैं सब लोगों को राजनीतिक क्षेत्र की ओर अपना झुकाव करने के लिए कह रहा हूँ। वस्तुतः झुकाव तो बिलकुल होना ही नहीं चाहिए। जिस व्यक्ति का मैंने यहाँ उल्लेख किया, उसका राजनीतिक क्षेत्र की ओर कतई झुकाव नहीं था। पिछले वर्षों में, कितनी ही बार मुझसे उन्होंने कहा, ''किस झमेले में मुझे डाल दिया। मुझे फिर से अपना प्रचारक का काम करने दें।'' मैंने कहा, 'भाई, तुम्हारे सिवाय इस झमेले में किसको डालें? संगठन के कार्य पर जिसके मन में इतनी अविचल श्रद्धा और दृढ़ निष्ठा है, वही उस झमेले में रहकर कीचड़ में भी कीचड़ से अस्पृष्य रहता हुआ सुचारु रूप से वहाँ की सफाई कर सकेगा, दूसरा कोई नहीं कर सकेगा।'' इसलिए मैंने कहा कि उधर (राजनीतिक क्षेत्र) की ओर अपना झुकाव करने के लिए मैं किसी को नहीं कह रहा।

(जौनपुर में श्री गुरुजी द्वारा प्रकट किए गए शोकोद्गार)

'How can I explain to you my difficulty? The world is deep, very deep. I do not know when it will heal, or if every it will heal. Words fail me. The pain is beuumbing. I simple can't write throught I would very much like to.'

~*~

'उनकी राख से सैकड़ों दीनदयाल पैदा होंगे'

—श्री बाला साहब देवरस

मनुष्य मरणधर्मा है। "हम सभी की मृत्यु एक-न-एक दिन होनी है। किंतु श्री दीनदयालजी की मृत्यु ने हम सभी को मृत बना दिया है। श्री दीनदयालजी के अभाव की कल्पना करना ही हम सबके लिए कठिन है।"

श्री दीनदयालजी हम सबके प्रिय थे। यदि दीनदयालजी बीमार पड़े होते, तो हजारों में उनकी सेवा करने की होड़ लग जाती। यदि उन्हें रक्त की आवश्यकता होती तो हम अपना जीवन चढ़ाने को तत्पर हो जाते, किंतु वे हमको सेवा का कोई भी अवसर दिए बिना ही चले गए। हमारा कष्ट और दर्द असहनीय है।

1937 में जब वे संघ के स्वयंसेवक बने तब से मेरा उनसे परिचय था। उनमें अनेक गुण विद्यमान थे और समय के साथ-साथ उनके गुण प्रकट होने जा रहे थे। श्री दीनदयालजी प्रतिभा के पुंज थे, साधना की मूर्ति थे। जब रात्रि में सब सो जाते थे, तब वे लिखना एवं पढ़ना आरंभ करते थे और यह क्रम पर्याप्त देर तक चलता रहता।

उपाध्यायजी ऐसे महान् थे कि सभी उनसे प्रेम करते थे और सभी उनकी प्रशंसा करते थे। जैसा कि उनके विषय में श्री नाथ पै ने सार्वजनिक शोकसभा में गीता का उदाहरण प्रस्तुत किया था—"लोग उनकी प्रशंसा करते हैं, जिनके मन में किसी के विरुद्ध कोई बात नहीं होती, जो भय-द्वेश और आत्म-प्रशंसा से परे होता है और ऐसा ही प्राणी मुझ (भगवान्) को भी प्रिय होता है।" श्री दीनदयालजी ऐसे ही प्राणी थे।

श्री दीनदयालजी को देखकर मुझे किसी अन्य की नहीं, अपितु संघ के संस्थापक डॉ. हेडगेवार की स्मृति हो आती है, जिनकी ईमानदारी से सभी उनसे प्रभावित होते थे और हम सब चुंबक की भाँति उनके प्रति खिंचते चले जाते थे। श्री उपाध्यायजी भी ऐसे ही थे।

मेरा गत 30 वर्षों से उनके साथ घनिष्ठ परिचय था। इस अवधि में मैंने कभी उनको यह कहते नहीं सुना कि उन्होंने यह किया है और वह किया है। अहं भावना या 'मैं' शब्द का प्रयोग उन्होंने शायद ही कभी किया हो। इस संसार में उनका निजी सामान

था—उनका बिस्तर, कुछ कपड़े और पुस्तकें। वे न तो अपने विषय में ही कुछ बोलते थे और न वे किसी की बुराई ही करते थे। वे तो गुणों के सागर थे।

ऐसे महामानव का तिरोहित होना राष्ट्रीय स्वयंसेवक संघ, जनसंघ और देश पर एक क्रूर आघात है। किंतु हम केवल चीत्कार करते हुए हाथ-पर-हाथ रखकर नहीं बैठे रह सकते। डॉ. हेडगेवार भी इसी आयु में स्वर्ग सिधारे थे। उस समय कुछ लोगों ने सोचा था कि डॉ. साहब की मृत्यु के बाद संघ समाप्त हो जाएगा, किंतु संघ जीवित रहा और आज भी जीवमान है। इसी प्रकार श्री दीनदयालजी के निधन से जनसंघ को किसी की आवश्यकता पड़ती, तो हजारों लोगों में रक्तदान की होड़ लग जाती। यदि उनका जीवन खतरे में है, पता लगता तो हजारों लोग उनकी रक्षार्थ पहुँचते।

श्री दीनदयालजी एक स्वयंसेवक थे और उनकी प्राथमिक निष्ठाएँ संघ के प्रति ही थीं। दीनदयालजी विभिन्न प्रांतों के उन कुछ कार्यकर्ताओं में से थे, जिन्हें डॉ. हेडगेवार से भेंट करने तथा उनसे प्रेरणा लेने का सौभाग्य प्राप्त हुआ था। डॉ. हेडगेवार कहा करते थे कि एक अच्छा स्वयंसेवक वह नहीं है, जिनके बिना संघकार्य चल ही नहीं सकता। एक अच्छा स्वयंसेवक तो वह है जो अपने जैसे अन्य अच्छे स्वयंवेवकों का निर्माण करता है। उसके अभाव में भी कार्य चलाया जा सकता है। अच्छा स्वयंसेवक वह नहीं है, जिसने स्वयं को ही मुख्य बिंदु बना लिया है, अपितु यह है जो इस केंद्र-बिंदु को विकीर्ण कर सकता है। दीनदयालजी के जीवन का आदर्श यही था। सारे देश में उन्होंने कार्यकर्ताओं को नेता बनाया था। दीनदयालजी की राख से सैकड़ों दीनदयाल उत्पन्न होंगे।

यदि जनसंघ कार्यकर्ताओं ने यह विचार किया कि किसी विशेष परिस्थिति में पंडितजी ने क्या कहा था और क्या किया था, तो वे कभी गलती नहीं कर सकते हैं।

~*~

'हे सहयोगी हुतात्मा!'

—श्री भाऊराव देवरस

मेरे सहयोगी। श्रद्धांजलि स्वीकार करो। तुम्हारे जीते जी, कभी प्रशंसा के दो शब्द नहीं कहे होंगे, लिखना तो दूर रहा। कालीकट के अधिवेशन में जब तुम जनसंघ के अध्यक्ष बने, एक बार सोचा था कि तुम्हारा मित्र और निकट सहयोगी के नाते मैं तुम्हारे गौरवान्वित होने पर दो शब्द प्रशंसा के लिखूँ। परंतु तत्काल विचार आया कि अपने बीच यह औपचारिकता जैसी बात होगी और यह तुम्हें अच्छा नहीं लगेगा। मैंने लिखने

का विचार छोड़ दिया। अब मेरे शब्द सुनने के लिए तुम नहीं हो, इसे पढ़ नहीं सकोगे। इसलिए अश्रुपूर्ण नयनों से श्रद्धांजलि समर्पित कर रहा हूँ। अढ़ाई वर्ष पूर्व, जिनके स्नेहपूर्ण मार्गदर्शन में मैं कार्य कर सकता, वे भैयाजी दाणी चले गए। आज क्रूर काल से संघ कार्य का मेरा निकटस्थ साथी, सहयोगी छीन लिया।

जुलाई 1939 में मैं संघकार्य व पढ़ने के लिए लखनऊ आया और मेरी तुम्हारी भेंट उसी वर्ष के अंतिम दिनों में कानपुर में हुई। मकर-संक्रमण पर जब तुम उस वर्ष कानपुर शाखा के प्रथम स्वयंसेवक बने, तब से निरंतर स्नेह-मित्रता बढ़ती गई। तुम सन 1939 में कानपुर में पढ़ाई समाप्त कर एम.ए. करने के लिए आगरा गए। मेरी पढ़ाई समाप्त हो चुकी थी, मैं तुम्हारे पीछे-पीछे आगरा चला आया। आगरा में संघकार्य का प्रथम प्रयास तुम्हारा ही रहा। आगरा से तुम पढ़ने के लिए प्रयाग आए, एल.टी. की पढ़ाई करने। हमारा संबंध बढ़ता ही गया और शिक्षा समाप्त कर तुम संघ-कार्यार्थ निकल पड़े—बिना कुछ बोले, भगवान् ने तुम्हें इसी निमित्त तो जन्म दिया था।

संघ के उन प्रारंभिक दिनों में जब कार्य अत्यंत कंटकाकीर्ण था, उस समय तुम इस कार्य के लिए चल निकले। तब संघ कार्य के विचारों को उत्तर प्रदेश में कोई जानता नहीं था। तुमने स्वयंसेवक के नाते इस कार्य की धुरी अपने कंधों पर उठा ली। उत्तर प्रदेश के संघ कार्य की नींव में तुम ही हो। आज का यह संघ रूप तुम्हारे ही परिश्रम का, तुम्हारे कर्तृत्व का फल है। अनेक संघ-कार्यकर्ता तुम्हारे जीवन से प्रेरणा लेकर चल रहे हैं इस मार्ग पर। अपने जीतेजी तुम इसी मार्ग पर चलने के लिए अनेकों को प्रोत्साहित करते रहे और आज मरकर भी तुम करोड़ों देशवासियों को प्रेरणा देते रहोगे, इसी कर्तव्य पथ पर चलने के लिए।

संघ संस्थापक के मुख से आदर्श स्वयंसेवक के गुणों पर भाषण सुना था, तुम उसके मूर्तिमंत्त प्रतीक थे। प्रखर बुद्धिमत्ता, असामान्य कर्तृत्व, परंतु निरहंकार, नम्रता के आदर्श। आश्चर्य लगता था तुम्हारे प्रगल्भ विचार और चिंतन की गंभीरता का, परंतु इसके साथ ही तुम्हारा सादा सरल जीवन बड़ा ही मनोहारी संगम था उन सब बातों का, जो संघ के प्रत्येक स्वयंसेवक के जीवन में सतत साधना के विषय माने जाते हैं। असामान्य कर्तृत्व कला के तुम धनी थे, परंतु भाषणबाजी का अभिमान कहीं छू भी नहीं पाया था। तुम उच्चकोटि के लेखक थे, किंतु अपनी डिम-डिम बजाने से दूर-दूर बहुत दूर। तुमने राजनीति के क्षेत्र में प्रवेश किया, नेता बने, मालाएँ पहनीं, जय-जयकार सुनी, फोटो देखे, संपूर्ण देश में प्रसिद्धि प्राप्त की, किंतु तुम सदैव बने रहे एक 'आदर्श स्वयंसेवक'। राजनीति तुममें कभी प्रवेश नहीं कर पाई। राजनीति की वारांगना तुम्हारे निर्मल पावित्र्य के कारण तुम्हें छू सकने का साहस न कर सकी, राजनीति का नशा तो बहुत दूर की बात थी।

गीता में मैंने सात्त्विक गुणों का वर्णन पढ़ा है। दैवी संपदा की बातें सुनी हैं। अनासक्त, निष्काम कर्मयोगी आदि शब्द कान पर आते रहे, परंतु उनका प्रत्यक्ष रूप में आचरण तुमने चरितार्थ किया। शुद्ध चरित्र, देशभक्ति, लोकसंग्रही, समाज के सुख-दु:ख के साथ एक रूप होनेवाला विशाल हृदय। सचमुच तुम्हारे समान तुम ही थे।

विचार आया है अपने संघ के पूज्य आद्य सरसंघचालक का। कुछ बातों में कितना विलक्षण साम्य दिखाई पड़ता है। उनके ही समान तुम्हारे भी बाल्यकाल में माता-पिता तुम्हें छोड़कर चले गए। उनका जन्म भी दारिद्र्य में हुआ और तुम्हारा भी, परंतु उनके समान ही तुमने स्वावलंबन से श्रेष्ठ शिक्षा प्राप्त की। विद्यार्थी जीवन में ही राष्ट्र-सेवा का व्रत ग्रहण किया और धन, सुख, परिवार, सब प्रकार की मोहमाया को त्यागकर राष्ट्र देवता के चरणों में तुमने भी अपने को समर्पित कर दिया। संघ संस्थापक पूज्यनीय डॉक्टरजी अहोरात्र लगातार 15 वर्ष संघ कार्य करते-करते उसी परिश्रम से अपने शरीर को गलाकर चले गए, तुमने राजनीति के क्षेत्र में, जनसंघ के क्षेत्र में, जनसंघ के निर्माण हेतु 15 वर्ष तिल-तिल जलकर आत्माहुति दे दी। पूज्यनीय डॉक्टरजी 51 वर्ष समाप्त कर गए और तुम भी इसी आयु में इहलोक छोड़कर चले गए, तुम उनके सच्चे अनुयायी बने। राष्ट्र समर्पित जीवन की उपलब्धि के शीर्ष बिंदु से तुम्हें अब कोई हटा नहीं सकेगा। तुम्हारा बलिदान वहाँ से सतत अनेक अंत:करणों को ज्योतित करता रहेगा। आज समाज तुम्हारे श्रेष्ठत्व को कितना आँक सकेगा। किंतु यह निश्चित है कि भावी इतिहास तुम्हारे विचार और कार्य को इस देश में तेजस्वी शक्तिशाली रूप में देखेगा और महापुरुषों की श्रेणी में तुम्हारा मूल्यांकन होगा। स्वामी दयानंद, स्वामी श्रद्धानंद, महात्मा गांधी आदि की हौतात्म्य-मालिका में तुम भी गूँथे जाओगे। देश तुम्हारा सम्मान करेगा।

राजनीति के क्षेत्र में व्यक्ति और नीति के संबंध में कठोरतापूर्वक स्पष्ट आलोचना सुननेवाला तुम्हारे जैसा कौन होगा? वैसा मित्र अब नहीं रहा। तुम्हारे जैसी सबकुछ सहन करने की शक्ति बहुत विरल पाई जाती है। संघ-क्षेत्र की समस्या, उलझनें और उनका विश्लेषण करने के लिए साथी के नाते भी तुम्हारे जैसा कहाँ ढूँढूँगा? बस, अब सबकुछ मौन हो गया। मौन ही कर्तव्य पथ पर चलना होगा, बढ़ना होगा।

अब नागपुर की संघ बैठकों में तुमसे भेंट नहीं होगी। अव्यवस्थित अस्त-व्यस्त बिखरा हुआ सामान, रात्रि में देर तक जागनेवाला और इसी कारण प्रात: देरी से उठनेवाला 'निकट' का स्थान रिक्त रहेगा। 'पंडितजी, चाय तैयार है, उठो!' चिलानेवाला मैं अब सदैव मौन रहूँगा। भोजन के समय तुम नहीं दिखाई देते थे, तब 'अरे! पंडितजी को स्नानगृह में ढूँढ़ो' कहनेवाला मैं और मेरे बाल-विनोद अब समाप्त हो गए। केंद्रीय बैठक में किसी भी प्रश्न पर पक्ष-उपपक्ष दोनों का विचार करके चलने की तुम्हारी

परिपाटी और उस कारण तुम्हारे 'खर' शब्द पर हुए सबका हास्य-विनोद, वे सब मधुर व्यंग्य अब केवल स्मृति के विषय बन गए हैं और साथ ही लखनऊ में अकस्मात् भेंट होने पर सहज होनेवाले आमोद-प्रमोद के कार्यक्रमों का साथी छूट गया।

तुम्हारे लेख, वाणी, वार्त्तालाप सब-सब सदैव के लिए समाप्त हो गए। हे सहयोगी हुतात्मा! मेरा प्रणाम स्वीकार करो और कर्तव्य-पथ पर चलनेवाली सतत प्रेरणा शक्ति देते रहो, यही नम्र प्रार्थना है।

'हम चुनौती स्वीकार करते हैं'

—श्री अटलबिहारी वाजपेयी

नंदा दीप बुझ गया, हमें अपने जीवन-दीप जलाकर अंधकार से लड़ना होगा।

सूरज छिप गया, हमें तारों की छाया में अपना मार्ग ढूँढ़ना होगा।

हमारा मित्र, सखा, नेता और मार्गदर्शक चला गया, हमें उनकी पवित्र-स्मृति को हृदय में सँजोकर ध्येय-पथ पर आगे बढ़ना होगा।

पंडितजी का जीवन एक समर्पित जीवन था। शरीर का कण-कण और जीवन का क्षण-क्षण उन्होंने राष्ट्रदेव के चरणों में चढ़ा दिया था।

संपूर्ण देश उनका घर था, सारा समाज उनका परिवार। उनकी आँखों में एक ही सपना था, उनके जीवन का एक ही व्रत था।

राजनीति उनके लिए साधन थी, साध्य नहीं। यह मार्ग था, मंजिल नहीं। वे राजनीति का अध्यात्मीकरण चाहते थे। वे भारत के उज्ज्वल अतीत से प्रेरणा लेते थे तथा उज्ज्वलतर भविष्य का निर्माण करना चाहते थे। उनकी आस्थाएँ सदियों पुराने अक्षय राष्ट्रजीवन की जड़ों से रस ग्रहण करती थीं, किंतु वे रूढ़िवादी नहीं थे। भविष्य के निर्माण के लिए वे भारत को समृद्धिशील आधुनिक राष्ट्र बनाने की कल्पना लेकर चले थे।

वे महान् चिंतक थे। चिंतन के क्षेत्र में वे बँधे-बँधाए रास्ते से चलने के हामी नहीं थे, इसलिए उन्होंने भारतीय जनसंघ को ऐसा विकसित किया जो अतीत की गौरवगरिमा को लेकर चलता है और जो आनेवाले कल की चुनौती का सामना करने के लिए भी सन्नद्ध है। आज जनसंघ जो कुछ है, वह सब उन्हीं की देन है।

उन्हें कभी किसी पद ने मोहित नहीं किया। वे संसद् के सदस्य नहीं थे, लेकिन संसद्-सदस्यों के निर्माता थे। उन्होंने कभी पद नहीं चाहा। बड़ी मुश्किल से उन्हें

पं. दीनदयाल उपाध्याय अपने मित्र श्री अटल बिहारी वाजपेयी के साथ

अध्यक्ष पद का भार सँभालने के लिए तैयार किया था। उन्होंने प्रेरणा दी कि चलो विंध्याचल के पार कन्याकुमारी पर जहाँ भारतमाता के चरणों को सिंधु धो रहा है, भारत की एकता का जागरण मंत्र फूँकें। उनके नेतृत्व में हमने आसेतु-हिमाचल भारत की एकात्मकता को गुंजाने का संकल्प किया। कालीकट अधिवेशन हुआ। हम वहाँ गए। उनकी अध्यक्षता से अधिवेशन सफल हुआ। लोगों ने कहा कि जनसंघ ने कार्यसिद्धि का ऐतिहासिक दृश्य उपस्थित किया। जनता की आँखें आशा और विश्वास के साथ उन पर जा लगीं थी, देश और विदेश के लोगों ने कहा कि कालीकट में जनसंघ ने नया रूप धारण किया है, परंतु जनसंघ ने नया रूप नहीं धारण किया, देखनेवालों की आँखों में बदलाव आया था। उन्हीं आँखों में कुछ आँख ऐसी थीं, जिनमें पाप था, जलन थी; जिनमें हिंसा की चिनगारी सुलग रही थी, उन आँखों को यह दृश्य चुभा और उन्होंने आज पं. दीनदयालजी को हमसे विलग कर दिया। किन परिस्थितियों में उनकी मृत्यु हुई और विश्वासपूर्वक नहीं कह सकता। जाँच हो रही है, किंतु जिसके इशारे पर लाखों लोग जान देने के लिए तैयार थे, सन्नद्ध थे, उसे रात के अँधेरे में अपने अनुयायियों से दूर, देशवासियों से पृथक मौत की गोद में ढकेल दिया। यह घाव सदा हरा रहेगा, यह काँटा हमारे हृदय में सदैव कसकता रहेगा।

पंडितजी जिस कार्य के लिए जन्मे, जिये और जूझे, उसी के लिए हौतात्म्य (शहादत) स्वीकार कर उन्होंने अपना जीवन-व्रत पूर्ण कर लिया। किंतु उनका स्वप्न अभी अधूरा है, उनका कार्य अभी अपूर्ण है।

उनके जीवन पर किया गया आक्रमण राष्ट्रीयता पर आक्रमण है। उनके शरीर पर लगी हुई चोटें लोकतंत्र पर किए गए प्रहार हैं। हम राष्ट्रविरोधियों और लोकतंत्र के शत्रुओं की इस चुनौती को स्वीकार करते हैं।

उपाध्यायजी को हमसे छीनकर जो लोग यह समझते हैं कि जनसंघ की प्रगति को रुद्ध कर देंगे, वे न ही उपाध्यायजी को पहचान पाए और न वे यही जानते हैं कि हम उनके अनुयायी किस मिट्टी के बने हैं।

उपाध्यायजी का कार्य व्यक्तिनिष्ठ नहीं; तत्त्वनिष्ठ था। उन्होंने सदैव आदर्शों पर बल दिया और सिद्धांतों के लिए जीना सिखाया। उनके वियोग में व्यथित होकर न हम अपने होश-हवाश गुम होने देंगे और न उनके देहावसान के दारुण दुःख से उत्पन्न अकर्मण्यता को ही अपने ऊपर हावी होने देंगे। हमें स्वयं को पंडितजी का योग्य उत्तराधिकारी सिद्ध करना है, हमें उनके ऋण को चुकाना है।

आइए, पंडितजी के रक्त की एक-एक बूँद को माथे का चंदन बनाकर ध्येय-पथ पर अग्रसर हों। उस चिता से निकली हुई एक-एक चिनगारी हृदय में धारण कर परिश्रम की पराकाष्ठा और प्रयत्नों की परिसीमा करें। इस नव दधीचि की अस्थियों का शस्त्र (वज्र)

बनाकर आधुनिक वृत्रासुरों पर टूट पड़ें और इस पवित्र भूमि को निष्कंटक बनाएँ।

पंडितजी अब नहीं रहे, किंतु उनका कार्य अभी शेष है। उनके द्वारा निर्दिष्ट कार्य के लिए स्वयं को समर्पित करके हम उनके प्रति सच्ची श्रद्धांजलि अर्पित कर सकते हैं।

~*~

'हत्यारी दुर्भावनाओं को रौंदते हुए हम आगे बढ़ेंगे'

—श्री सुंदरसिंह भंडारी

गत दिसंबर मास में पं. दीनदयालजी उपाध्याय जनसंघ के अध्यक्ष बने, उसके बाद मुझे महामंत्री का कार्य सौंपा गया, किंतु उनकी अनुपस्थिति में मुझे किस पद पर रहना है और क्या कार्य करना है, इसका विशेष अंतर नहीं था। उनके स्नेह की छत्रछाया में और उनके मधुर संबंध की प्रेरणा से उनके मार्गदर्शन में हम सबने कार्य किया है। डॉ. श्यामाप्रसाद मुकर्जी ने जनसंघ के मंच की स्थापना की और पं. दीनदयालजी ने उसकी प्राण-प्रतिष्ठा की। जनसंघ के विचारों को उन्होंने मंत्र रूप में हमारे सामने रखा। राजनीति के क्षेत्र में उत्तेजना और आंदोलन के वशीभूत भटकाव आना स्वाभाविक माना जाता है। पं. दीनदयालजी ने सुदृढ़ सिद्धांत-पक्ष उपस्थित किया, जिससे राजनीति अपने मार्ग में मर्यादा-विहीन न हो सके। इन सिद्धांतों के आधार पर समय-समय पर विभिन्न कठिनाइयों एवं समस्याओं से जूझने के लिए उन्होंने मार्गदर्शन किया। भारतीय जनसंघ उन सिद्धांतों के लिए बना है। उसी कसौटी पर हर एक प्रश्न पर निर्णय देने का नियम बनाया गया है। पंडितजी द्वारा निर्मित यह नियम-परंपरा उनके जाने के बाद भी स्थायी धरोहर के रूप में विद्यमान है। 'एकात्म मानवतावाद' का मंत्र जो पंडितजी ने हमें दिया है, हमारे लिए प्रकाशपुंज है। समाज के सभी वर्गों को साथ लेकर उनके हितों की चिंता करते हुए इस देश की नीतियाँ बनाई जाएँ, उन्होंने जनसंघ के विचारों के मूल में यही बात रखी।

विश्वास की बात

इन महत्त्वपूर्ण विचारों को कार्यकर्ताओं के समक्ष रखने की उनकी पद्धति भी अनूठी थी। लाखों अनुयायी देश में ऐसे हैं जो केवल इसलिए कि यह बात श्री दीनदयालजी ने कही है, मान लेने के लिए सदैव तैयार रहते हैं। कार्यकर्ताओं का ऐसा विश्वास उन्हें प्राप्त था, किंतु उन्होंने उस विश्वास का उपयोग कभी अपनी बात मनवाने के लिए नहीं किया। न कभी आग्रह किया। बहुधा राजनीति के क्षेत्र में बहुमत की बात कही जाती है,

किंतु पंडितजी तो प्रत्येक कार्यकर्ता को समझने तथा समझाने का प्रयत्न करते थे। एक भी कार्यकर्ता क्यों न हो, विभिन्न उदाहरण देकर पूरी कोशिश के साथ उनकी सब शंकाएँ निर्मूल करने के लिए प्रयत्नशील रहते थे। पंडितजी प्रत्येक कार्यकर्ता की भावना को समझते थे। उनकी भावना का आदर करते हुए उन शब्दों का चयन करते थे कि वह निश्चय कार्यकर्ताओं का सामूहिक निश्चय प्रकट होता था। इसी कारण ऐसा होता था कि कार्यकर्ता अपनी बात उनके सामने रखकर निश्चिंत हो जाता था। वे जैसा चाहें उन भावनाओं को शब्दों का रूप देते थे। इसी पद्धति से संभवतः कुछ लोगों को ऐसा लगा कि यदि पं. दीनदयालजी नहीं रहेंगे, तो यह संगठन गूँगा पड़ जाएगा। यह बात भी सच है कि हम सबने उन पर बहुत बोझ डाल रखा था, वे संगठन की माँ बने थे।

उन पर सबकुछ सौंपकर हम भी कुछ आलसी बन गए थे। कार्य की सब प्रकार की चिंता करते हुए पं. दीनदयालजी नित्य परिश्रम में रत रहे। पंडितजी का स्वस्थ, शरीर इन कारणों से किस प्रकार पीड़ित होता था। यह सब देखने का दुर्भाग्य हमें मिला है, किंतु उन्होंने कभी चेहरे पर शिकन नहीं आने दी। अधिवेशनों में, बैठकों में अथवा कार्यकर्ताओं के साथ वार्त्तालाप करते समय कब किस बात के लिए समय मिलेगा, इसका भी ध्यान नहीं रहता था। स्नान, भोजन भी ठीक समय पर नहीं हो पाता था। बड़ी-बड़ी गंभीर समस्याओं से लेकर संगठन के छोटे-से-छोटे पहलू पर भी उनकी दृष्टि रहती थी। छोटे-से-छोटे कार्यकर्ता और साधारण सदस्य के सहयोग तक को वे ध्यानपूर्वक देखा करते थे। उनकी छोड़ी हुई इस कड़ी को हमें आगे बढ़ाना है। जिनके दिमाग में यह धारणा बैठ गई है कि इस संगठन के शीर्ष-बिंदु पर बैठे व्यक्ति को चोट पहुँचाकर वे इसे तहस-नहस कर सकेंगे, उनकी दुर्भावनाओं को रौंदते हुए हम आगे बढ़ेंगे।

संगठन पर भीषण आघात हुआ है और उनकी निर्मम हत्या से हमारा मार्गदर्शक छिन गया है, किंतु पं. दीनदयालजी ने जिस कुशलता तथा परिश्रम से इस संगठन के तंत्र की रचना की है, जो स्वच्छ सुदृढ़ परंपराएँ निर्माण की हैं, उनके आधार पर हम कह सकते हैं कि हम आततायियों के कुटिल मंसूबों को विफल कर देंगे, यह निश्चय चारों ओर गुंजाना हमारी उनके प्रति श्रद्धांजलि है।

—पं. दीनदयाल उपाध्याय महाप्रस्थान; तनसुखराम गुप्त; सूर्य भारतीय प्रकाशन, दिल्ली, 2011; पृ. 64-73

□

पं. दीनदयाल उपाध्याय : जीवन-यात्रा

1916 — 25 सितंबर (आश्विन कृष्ण त्रयोदशी संवत् विक्रमी सोमवार को मथुरा जिले के ग्राम नगला चंद्रभान में जन्म।

1919 — पिता भगवती प्रसाद का स्वर्गवास।

1924 — माँ रामप्यारी का स्वर्गवास।

1925 — मामा राधारमण के यहाँ गंगापुर सिटी (राजस्थान) में प्राथमिक शाला में प्रवेश।

1929 — कोटा में कक्षा पाँच में प्रवेश।

1932 — राजगढ़ में कक्षा आठ में प्रवेश।

1934 — छोटे भाई शिवदयाल का देहांत। सीकर में दसवीं कक्षा में प्रवेश।

1935 — दसवीं की परीक्षा में अजमेर बोर्ड में सर्वप्रथम। बोर्ड द्वारा स्वर्ण पदक। महाराजा सीकर द्वारा भी स्वर्ण पदक तथा छात्रवृत्ति। महाविद्यालयीन शिक्षा बिरला कॉलेज पिलानी में प्रारंभ।

1937 — इंटरमीडियट बोर्ड में सर्वप्रथम। सभी विषयों में विशेष योग्यता। बोर्ड द्वारा स्वर्ण पदक व मासिक छात्रवृत्ति। सनातन धर्म कॉलेज कानपुर में बी.ए. में प्रवेश। राष्ट्रीय स्वयंसेवक संघ में प्रवेश।

1939 — बी.ए. की परीक्षा प्रथम श्रेणी में उत्तीर्ण। सेंट जॉन कॉलेज आगरा में एम.ए. हेतु प्रवेश। संघ शिक्षा वर्ग का प्रथम वर्ष किया। आगरा में संघ कार्य आरंभ।

1941 — रुग्ण ममेरी बहन की सेवा में व्यस्त रहने के कारण एम.ए. की परीक्षा नहीं दे पाए। प्रयाग में बी.टी. में प्रवेश।

1942 — संघ शिक्षा वर्ग का द्वितीय वर्ष। राष्ट्रीय स्वयंसेवक संघ के प्रचारक होकर लखीमपुर खीरी गए।

1945 — उत्तर प्रदेश के सहप्रांत प्रचारक नियुक्त।

1947 — राष्ट्रधर्म प्रकाशन की लखनऊ में स्थापना।

1948 — 49 संघ से प्रतिबंध हटाने के लिए संपूर्ण उत्तर प्रदेश में सत्याग्रह संचालन का दायित्व। 'पाञ्चजन्य' पर प्रतिबंध लगने पर क्रमशः 'हिमालय' तथा 'राष्ट्रभक्त' पत्रों का प्रकाशन।

1951 — 21 सितंबर को उत्तर प्रदेश में प्रदेशिक जनसंघ की स्थापना।

1953 — 1 जनवरी को कानपुर अधिवेशन में जनसंघ के अखिल भारतीय महामंत्री नियुक्त। कश्मीर सत्याग्रह का संचालन।

1963 — जौनपुर से लोकसभा का चुनाव लड़े। भारत मैत्री समिति के निमंत्रण पर सितंबर-अक्तूबर में अमेरिका, जर्मनी, इंग्लैंड और केन्या की यात्रा।

1964 — 'एकात्म मानववाद' का सर्वप्रथम ग्वालियर की प्रतिनिधि सभा में प्रस्तुतीकरण।

1965 — 16 अगस्त को कच्छ समझौते के विरुद्ध पाँच लाख लोगों का संसद् भवन पर प्रदर्शन।

1967 — भारतीय जनसंघ के अध्यक्ष।

1968 — 11 फरवरी को मुगल सराय स्टेशन पर जीवन-यात्रा की समाप्ति।

□

संदर्भ सूची

- राष्ट्र जीवन की दिशा—दीनदयाल उपाध्याय; सं. रामशंकर अग्निहोत्री, भानुप्रताप शुक्ल; लोकहित प्रकाशन, लखनऊ; 2008
- पं. दीनदयाल उपाध्याय—विचार दर्शन, खंड-7, व्यक्ति-दर्शन; विश्वनाथ नारायण देवधर; सुरुचि प्रकाशन, नई दिल्ली; 2014
- पं. दीनदयाल उपाध्याय—विचार दर्शन, खंड-3, राजनीतिक चिंतन; भालचंद्र कृष्णाजी केलकर; सुरुचि प्रकाशन, नई दिल्ली; 2014
- एकात्म मानववाद; दीनदयाल उपाध्याय; प्रकाशक—भारतीय जनता पार्टी, नई दिल्ली; 2012
- राष्ट्र-चिंतन; पं. दीनदयाल उपाध्याय; लोकहित प्रकाशन, लखनऊ; 2007
- पत्रिका—'उत्तर प्रदेश संदेश' ; पं. दीनदयाल उपाध्याय विशेषांक; प्रकाशक—सूचना एवं जनसंपर्क विभाग, उत्तर प्रदेश, सितंबर 1991
- पॉलिटिकल डायरी; पं. दीनदयाल उपाध्याय; सुरुचि प्रकाशन, नई दिल्ली; 2012
- भारतीय अर्थनीति—विकास की एक दिशा; दीनदयाल उपाध्याय; राष्ट्रधर्म प्रकाशन लिमिटेड, 1958
- पं. दीनदयाल उपाध्याय का एकात्म मानववाद दर्शन; लेखक एवं प्रकाशक—डॉ. विनोद मिश्रा; 2007
- स्मारिका 'समग्र दृष्टि'; पं. दीनदयाल उपाध्याय जन्मभूमि स्मारक समिति, नगला चंद्रभान; 1 जून, 1985
- मेरा देश मेरा जीवन; लालकृष्ण आडवाणी, प्रभात प्रकाशन, 2008
- पं. दीनदयाल उपाध्याय महाप्रस्थान; तनसुखराम गुप्त; सूर्यभारती प्रकाशन, दिल्ली, 2011
- पं. दीनदयाल उपाध्याय : कर्तृत्व एवं विचार; डॉ. महेशचंद्र शर्मा; प्रकाशक—वसुधा पब्लिकेशंस प्रा.लि., नई दिल्ली, 1994
- पत्रकारिता और दीनदयाल उपाध्याय—डॉ. महेश चंद्र शर्मा; प्रकाशक—भारतीय जनता पार्टी, 2011
- पं.दीनदयाल उपाध्याय का एकात्म मानववाद दर्शन; लेखक एवं प्रकाशक—डॉ. विनोद मिश्रा, 1994
- भारतीय जनता पार्टी का चित्रमय इतिहास; प्रकाशक—भारतीय जनता पार्टी, 11 अशोक रोड, नई दिल्ली
- पाञ्चजन्य
- ऑर्गनाइजर
- राष्ट्रधर्म

□□□